本书配有读者微信交流群，群内提供读书活动和资源服务，可以帮助您提高阅读效率。读者可以根据需要，加入喜欢的交流群。

入 群 步 骤

第一步

微信扫描本页二维码

第二步

进入群介绍页，根据正文提示的群类别选择进入不同的交流群

第三步

回复相应的关键词领取阅读资源，积极参加群内的话题互动

第四步

读者可根据阅读进度、读书活动、兴趣爱好扫码更换不同的社群

超级微课群	群内配有视频教学资源，读者可以根据自己的情况回复关键词进行收听收看，以便更好地提高自己的短视频制作能力
作者交流群	本书的作者会不定期地组织线上答疑活动，并分享有关制作短视频的资料，读者可以和作者进行一对一的互动和交流

◀ 微信扫描二维码

加入本书交流群

零基础玩转

NO'1

短视频

零基础短视频入门读物

头号玩家 著

天津出版传媒集团
天津科学技术出版社

图书在版编目（CIP）数据

零基础玩转短视频 / 头号玩家著. -- 天津 : 天津科学技术出版社，2019.8（2020.4重印）

ISBN 978-7-5576-6687-3

Ⅰ. ①零… Ⅱ. ①头… Ⅲ. ①网络营销 Ⅳ. ①F713.365.2

中国版本图书馆CIP数据核字(2019)第127835号

零基础玩转短视频

LINGJICHU WANZHUAN DUANSHIPIN

责任编辑：胡艳杰

出　　版：天津出版传媒集团
　　　　　天津科学技术出版社

地　　址：天津市西康路35号

邮　　编：300051

电　　话：（022）23332695

网　　址：www.tjkjcbs.com.cn

发　　行：新华书店经销

印　　刷：大厂回族自治县彩虹印刷有限公司

开本 710×1000　　1/16　　印张 15　　字数 195 000

2020年4月第1版第3次印刷

定价：49.80元

序

PREFACE

送给在短视频风口前徘徊的你

如果给2018年定义一个关键词，我认为是“短视频”。为什么这么说呢？来看一组大数据：《2018中国网络视听发展研究报告》显示，截至2018年6月，我国网络短视频用户达5.94亿，直播用户已超过4.25亿，占所有网民的74.1%。也就是说，10个网民里，有7个网民都在看短视频。

再结合我们日常生活碎片化时间利用的现状来看，似乎我们的碎片化时间都用在了短视频上：上下班的路上刷抖音、饭前饭后刷快手、睡前躺着玩微视……其实，在碎片化阅读时代，人们每天平均在单个应用上投入的时间不超过 15 分钟，而短视频短小、有趣的内容可以说是适应了这种碎片化的需求。

而且短视频有着年轻化、去中心化的特点，每个人都可以成为主角，很符合当下年轻人自我、个性化的特点。因此，短视频具有非常高的用户黏性，人们很容易沉浸在其中。此外，从众心理也使得短视频成为一种流行，仿佛不看短视频就跟不上时代，就没有共同语言一样。

以上内容都是针对短视频用户来说的，而作为短视频的从业者，对短视频又有了新的解读，那就是“风口”。小米CEO雷军曾形容找到“风口”的意义：“站在风口上，猪都能飞起来。”的确，小米手机曾在互联网创业的风口上起飞，一度成为诸多创业者争相模仿的对象。而后随着风口的不断转移，出现了共享经济、人工智能、短视频等诸多风口。其中共享经济仿若昙花一现，经过市场的洗礼后回归理性，而人工智能才刚起步，未来市场还不明朗。反观短视频，经过2016年的发酵，到2017年的短视频元年，再到2018的商业巨头纷纷入局，各类短视频平台大量涌现，可谓风口正劲、势头正猛。作为短视频从业者，何不借此机会分一杯羹呢?

当然，要想搭上这趟顺风车，坐享短视频带来的红利，并非那么容易。今日头条发布的《2017年短视频创作者商业变现报告》显示，约有47.9%的短视频团队不能盈利，21.58%勉强达到收支平衡，只有30.25%能达到略有盈余。所以，要想从事短视频行业，不能凭一时脑热，而是首先要考虑以下几个问题。

- 找准受众：对刚步入短视频行业的人来说，一定要先找准受众，搞清楚自己的目标用户是谁，自己的定位是什么，否则很可能辛辛苦苦做出来的短视频根本没人看。

- 创意策划：就像是写文案要策划一样，短视频也需要策划。而且策划的好坏不仅关系到短视频的内容质量，还关乎后期的推广运营。

● 内容为王：优质内容是短视频从业者赖以生存的支撑之一，在现今娱乐过剩的时代，如何让自己的短视频更有内容、更有价值，是短视频从业者需要考虑的重要问题。

● 团队搭建："一个篱笆三个桩，一个好汉三个帮"，随着创业合伙人的兴起，单打独斗的创业时代已经成为过去，所以短视频团队的搭建十分重要。

● 视频制作：为什么制作的短视频得不到推荐？因为不符合规范。为什么短视频制作如此复杂？因为你没找对方法。短视频制作的门道很多，只有掌握了，你才能做出爆款视频。

● 吸粉引流：在粉丝经济时代，谁拥有粉丝谁就拥有了资产。因此，吸粉引流对短视频的推广至关重要。

● 流量变现："再不能变现，就要死了"，这是无数短视频从业者的心声。但是终归有做得好的，只要掌握流量变现的秘诀，靠流量吃饭就不再是空话。

● 营销推广：在社会化营销逐渐疲乏的时代，短视频营销你一定要学。

● 品牌塑造：借助短视频推广品牌已经成了商家或厂家惯用的手法之一，想知道他们是怎么做的吗？

● 短视频+电商：如果你是淘宝、京东的商家，就必须要了解淘宝、京东对短视频的加权政策和运营模式；如果你是电商巨头之一，就有必要看看其他电商是怎么打造内容电商的；如果你是网红，想要运营网红店铺，那么也要了解相关运营方法。

以上便是短视频从业者在进入短视频行业时首先应该考虑的问题，也是本书能够帮助读者解决的问题。希望阅读本书的相关从业者都能有所收获。

目录
CONTENTS

第六章 视频制作：零基础也能做出爆款短视频

第七章 吸粉引流：将粉丝资源转化为商业驱动力

第八章 流量变现：揭秘短视频引爆流量的暴力玩法

第一章
迎接风口：快速搭上短视频顺风车

“站在风口上，猪都能飞起来。”小米CEO雷军曾这样形容找到“风口”的意义。的确，当年的小米在手机的风口上起飞，一度让创业者、投资者陷入对各种风口的狂热追逐中。而后随着网约车、共享单车、直播等诸多风口的出现，整个行业市场仿佛都被打了鸡血一样。而现在，风口出现在短视频领域，各大商业巨头纷纷入局短视频，各类短视频平台大量涌现。作为从业者，如何搭上顺风车，坐享短视频带来的红利，就成了诸多短视频从业者应该考虑的问题。

风头正劲的短视频究竟是什么

短视频有多火？一位业余“抖友”每天起床的第一件事就是在构思今天要拍什么，上班只要有空就会翻翻视频，看看有没有增粉。

短视频平台有多火？根据应用市场观测，App Store中有关短视频的产品达一百多款！而监管相对较松的安卓市场更是展现出百花齐放的局面。如果再算上APP中插入的视频模块（京东、淘宝APP等），短视频已然成了手机应用市场中一道独特的风景线。

短视频行业有多火？在抖音、快手、秒拍等老牌短视频APP还胜负未分之际，梨视频、Faceu等新贵接踵而至。与此同时，看到短视频风口的强劲，互联网巨头坐不住了，BAT、微博等均开始布局短视频，甚至还拉上了京东、淘宝等商业巨头加入混战。那么，风头正劲的短视频究竟是什么？

1. 谁来为短视频定义

就像20世纪80年代美国各大影视公司都想让自己的宽高比例成为高清电视的标准一样，对于短视频的定义也是众说纷纭。陌陌想要模仿YouTube大火的电影《浮生一日》，向用户征集了一段15秒的视频，并将其投放在了北上广深黄金地段的户外广告大屏和地铁LED屏上。于是陌陌说：短视频应该定义为15秒。

对于陌陌的说法，微博出来站台。微博的做法是上线具备短视频功能的“微博故事”，微博用户可以分享一段15秒的短视频。不过微博故事不支持转发、下载，也不支持分享到站外，而且在发布24小时后会自动设置为私密状态，用户可以通过留言、评论来互动，形式与直播类似。

创立于2011年，后来更名为“快手”的APP表示有新的看法，在直播行业巨头参与的“云+视界”大会上，快手CEO直接把短视频定义为“57秒、竖屏”。也许是基于大数据的支撑，快手说：“不是一定要你接受这个标准，但你抗拒用户的选择，结果只是你自己被边缘化。”

听到快手这么说，今日头条表示57秒的视频应该被称作“小视频”，而短视频应该是4分钟。这4分钟来头可不小，它是根据“金秒奖”获得百万以上播放量的视频平均时长而定制的。

“短”知识

“金秒奖”简单来说就是今日头条计划在短视频领域打造的“奥斯卡”，第一季度比赛就吸引了一条、二更、陈翔六点半等国内一线短视频内容的生产者。

其实细心的你一定也发现了，微信朋友圈也能拍摄小视频。也就是说微信也加入了短视频模块，虽然只有短短10秒，但是也算自成一家。

多家巨头争相为短视频下定义，结果至今也没有一个标准化的定义。不过根据艾瑞咨询发布的短视频行业发展研究报告，我们还是能够看到一个比较清晰的说法：短视频是指一种视频长度以秒计数，一般在5分钟之内，主要依托于移动智能终端实现快速拍摄和美化编辑，可在社交媒体平台上实时分享和无缝对接的一种新型视频形式。

2. 短视频的特点

与短视频相关的两个概念是微电影和直播。不过，当微电影已经被拍在沙滩上，直播行业也陷入疲软时，短视频像是一剂兴奋剂一样激活了整个市场。不同于微电影和直播，短视频以“短”见长，它有以下特点，如图1–1。

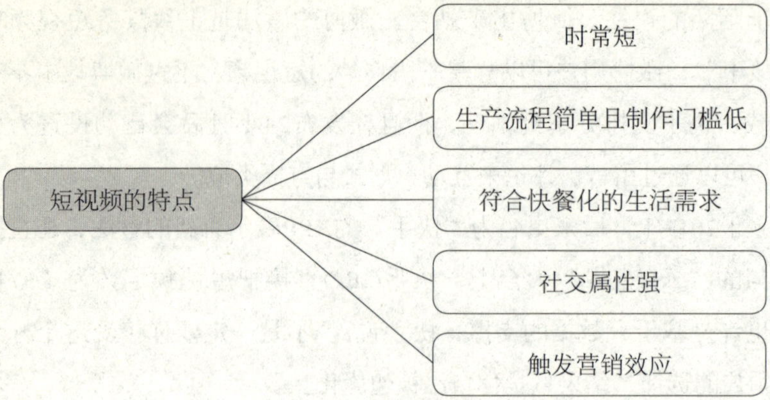

图1-1　短视频的特点

（1）时长短

短视频大火之后诞生出一个概念——读秒时代，所以短视频一般是用秒来计算的，而那些火爆的视频大多都在15秒左右。不过麻雀虽小五脏俱全，短视频的内容往往直奔主题，有干货。

（2）生产流程简单且制作门槛低

传统视频的生产与传播成本较高，无论从设备器材还是团队建设上都需要花费很大的财力和人力。而如果想要打造一个制作精良的微电影，无论是前期还是后期投入都是一笔可观的数字。而短视频则大大降低了生产传播的门槛，只需要一部手机就可以完成拍摄、制作，实现即拍即传、随时分享。当然，一些精致制品的出炉，也需要短视频团队的打磨，不过内容才是最重要的。

（3）符合快餐化的生活需求

对繁忙的现代人来说，更喜欢在有限的时间内获得最大的信息量。而短视频一般控制在5分钟之内，更符合碎片化的浏览趋势。一个简单的例子就是，人们不会选择用20分钟休息的时间去看一集电视剧，而是会选择刷一些短视频。

（4）社交属性强

短视频不是视频软件的缩小版，而是社交的延续。软件内部设置有点赞、评论、分享等功能，用户在拍摄短视频分享到APP后可以和其他用户产生互动。陌陌在2017年还推出了“用视频认识我”系列病毒视频。

“短”知识

“病毒视频”不是带有病毒的视频，而是指能够在短时间内在互联网平台上发酵的视频。从制作风格上看，“病毒视频”通常十分诙谐幽默，甚至有一丝魔性。

（5）触发营销效应

注意到了吗？刷抖音的时候经常会刷到广告，甚至一些商品还可以在软件界面直接加入购物车。这便是短视频触发的营销效应。很多广告厂商都会和短视频平台合作来推销产品或是传播品牌影响力。

短视频这把火是怎么燃烧起来的

时间追溯到2016年，一个自称“集美貌与才华于一身的女子”闪亮登场，她用仅仅几分钟的短视频就缔造出了一位全民热议的网红传奇——papi酱。短短一个月内，她获得了千万融资，估值1亿，一条贴片广告卖出了2200万。不仅如此，万千网友开始竞相模仿她的语气、笑声、表情。不管你喜欢还是反感，这场被全民围观的喧嚣背后，就是网红经济的彻底爆发。而与网红经济同时起飞的还有一个关键词，那就是短视频。

如果你曾经在2017年的4月走在北京一号线的地铁上，你就会注意到两块广告牌，一块是土豆的“有趣的短视频”，另一块是陌陌的“用视频认识我”。在资本的涌入下，短视频的概念已经开始渗透到人们的日常生活中。不管怎么说，不论是网红经济的起飞，还是资本的疯狂涌入，确实一下子把短视频推到了“风口”上。那么，短视频这把火究竟是怎么燃烧起来的呢？

1. 短视频初露峥嵘

2005年底，一部时长20分钟的网络短片《一个馒头引发的血案》意外爆红，不仅传播热度超过了当时热映的古装奇幻大片《无极》，而且更让人们看到了网络短视频的巨大潜力。不过这部短片仅仅是通过后期剪辑和配音产生的素材编辑效果，缺乏一部完整电影的拍摄和制作过程，所以虽然具有微电影的雏形，但是更符合短视频的描述。这便是人们对短视频最早的认识。

此后的几年间，微电影作为一种新生事物迅速火热，不少知名导演、演员以及大量草根拍客都加入了微电影的拍摄大军，《老男孩》系列、《青春期》系列作品开始涌现。微电影的迅速发展推动了短视频的草根化，无意中培养了网友利用碎片化时间制作、观看短视频的意识。不过，这个阶段的短视频只有形态上的作品，还不具备产业模式。

> **“短”知识**
>
> 微电影是指专门用于在各种新媒体平台上播放的、适合在移动状态和短时休闲状态下观看的、具有完整策划和系统制作体系支持的、具有完整故事情节的视频短片。

直到2011年，移动互联网的技术发展支撑起了移动短视频应用的出现，才出现了短视频的行业化概念。不过这一时期并没有什么代表性的作品，而且受制于带宽、网速等硬件条件，短视频并不成气候。时间推进到2013年，移动互联网声势渐大，秒拍、微视等立足于社交平台的短视频平台开始出现，算是正式拉开了移动短视频时代的帷幕。

2. 短视频市场形成

互联网创业者的嗅觉一向很敏锐，当秒拍、微视出现时，很多企业和创业者都闻到了这股“肉香味”。于是在2014年大批短视频应用密集面世，快手、小影、小咖秀等短视频靠大打低廉、草根文化以及极具个性化的操作成功俘获了众多粉丝。而巨头们为了维护自己在短视频行业的霸主地位也妙招尽出。比如美拍、微视和秒拍分别发起的“全民社会摇”“春节拜年”和“冰桶挑战”三大著名“战役”，迅速让短视频市场火爆了起来。

> **“短”知识**
>
> 快手的前身叫“GIF快手”，最初是一款用来制作、分享GIF图片的手机应用。后来从纯粹的工具应用转型为短视频社区，被用户用于记录和分享生产、生活。

经过一年的混战，到2015年初，短视频市场形成了“诸侯割据”的局面，微视、美拍、小影、快手等短视频各据一方。期间微视因为微信6秒钟“小视频”的上线遭遇到了滑铁卢，随后便迅速陨落。

3. 短视频迎来爆发式增长

微视的退场让短视频市场回归了理性，这里的理性不是说短视频行业放缓，而是说短视频创作者更加注重短视频内容，更多优秀的短视频创作者登上了舞台。例如我们前文讲到的papi酱就是在这样一个大环境下从诸多创作者中脱颖而出的。除此之外，以梨视频为代表的资讯类短视频平台也开始浮出水面。

短视频内容的百花齐放也吸引了资本的眼球，在内容与融资的驱动下，2016年真正成了众多短视频内容创作者的“元年”，众多独具特色的移动应用出现使得短视频市场开始向精细化、垂直化方向发展，短视频行业出现了爆发式增长。

2017年，随着诸多巨头的加入，短视频市场越发引人关注，快手、秒拍、陌陌、抖音等短视频企业日渐壮大。层出不穷的短视频平台一方面使得短视频市场竞争愈发激烈，另一方面也引起了监管部门的注意。机会与风险并存，是迎头而上还是退而求其次？只能说短视频市场现在面临着前所未有的风险和挑战。

野蛮生长的短视频行业现状

根据数据研究机构QuestMobile的数据显示，2017年9月短视频渗透率为4.1%，位列细分行业第五名，而同比增长率更是达到了惊人的311.3%，成为整个细分行业的领头羊，如图1–2。

图1–2　用户使用总时长Top10细分行业渗透率

这份数据无疑揭示了短视频崛起的势头，而且这很可能是移动互联网最后一个风口。到2018年初，这种态势更加明显，各路英雄豪杰均加入短视频的混战中，结果造成了鱼龙混杂的局面。这边厮杀得惨烈，那边监管部门也没闲着，短视频作为内容产品很快引起了监管部门的注意，随机迎来了短视频整改风暴。那么，时至今日，短视频行业现状究竟如何呢？

1. 短视频APP行业现状

自从“短视频”这一关键词在互联网发酵以来，热度一直居高不下。根据第三方数据显示，截至2018年2月，短视频综合平台与短视频聚合平台活跃用户规模分别达到4.035亿人与1.655亿人。

在全民掀起短视频浪潮的同时，短视频APP平台也像雨后春笋一样出现，根据市场统计，2016年到2017年的短视频APP多达235款。激烈的竞争使得短视频市场一片火热，既有老牌短视频平台相互厮杀，又有新秀平台瓜分流量。

在这些短视频APP中，快手、抖音脱颖而出。从下载量排行榜、评论数量来看，抖音和快手不管是在ios市场还是在安卓市场，都排在前列。不过两家APP的定位不同，商业模式也不同：抖音采取的商业模式有启动页广告、短视频广告推送（与大品牌合作）、电商合作；而快手的商业模式有直播、粉丝头条、短视频打赏。两家APP平台在2018年摩擦出了火花，几番较量下来难分伯仲，业界遂称“南抖音，北快手”。

其他商业巨头也没闲着，2018年1月，百度Nani小视频上线，对标对象直击快手、秒拍和美拍。而重启的微视也凭借腾讯丰厚的资源重新出现在大众的视野中。不过在快手、抖音两大种子选手的狙击下，微视前进之

> **“短”知识**
>
> 抖音是一款专注于年轻人音乐短视频社区的音乐创意短视频社交软件，用户可以通过软件选择歌曲，拍摄音乐短视频形成自己的作品。

路漫长而艰难。面对强大的对手，腾讯毫不示弱，除了豪掷30亿补贴外，还展开了阻击战。2018年4月，腾讯旗下的QQ、微信以“互联网短视频整治”为由封禁抖音、西瓜、火山、快手以及微视等在内的短视频应用链接。简单来说，就是你在抖音、西瓜等平台看到的视频不能直接分享，而是要保存到手机里才能分享。当然，腾讯不会傻到把自己的微视也封禁，于是我们看到，在数月之后，微信终于解开了对微视的分享限制，而头条系产品诸如抖音、西瓜仍处于封禁状态。

除此之外，其余一些老牌互联网公司也在趁热打铁，瓜分网民流量。截至2018年5月，头条系有抖音、火山小视频和西瓜视频；新浪有秒拍和小咖秀；百度有秒懂百科、Nani小视频、梨视频、全民小视频和人人视频；腾讯系有微视、NOW、下饭视频、速看、时光小视频、闪咖；阿里系比较单薄，只有土豆视频一枝独秀；网易系有网易菠萝视频和网易戏精；360系有360快视频和快剪辑；美图网有美拍、美图秀秀。

2. 机遇和风险并存

有个成语叫“物极必反”，意思是说事物发展到极端后会向相反的方向转化。风风火火的短视频搭乘互联网快车一路高歌猛进，不料山高路陡。2018年4月4日，国家广播电视总局对今日头条、快手两家网站的主要负责人进行了约谈，要求他们全面整改。接着头条旗下的火山小视频被整改，内涵段子被永久关停，而快手也陷入了整改风波……而后抖音、美拍、秒拍、哔哩哔哩（简称“B”站）等短视频平台也相继陷入了整改风波（如图1-3）。短视频在经过爆发式的增长后终于走到了风口浪尖。

确实，这些平台本身并不是洪水猛兽，短视频APP给网络用户提供了非常多的网络内容，其中也不乏正能量。但是为了争夺流量，一些用户甚至挑战起了社会主流价值观和道德底线，一些低俗、影响不好的短视频开始滋生。由于短视频运营者没能及时、有效地阻止，导致这些短视频被大肆传播。从2018年3月开始，被要求整改、下架或者禁封的短视频平台几乎涵盖了整个短视频行业，这无疑给整个短视频行业敲响了警钟。因此，短视频平台应该认识到，只有不断创造优质内容才能让平台活下去。

图1-3　短视频平台整改风波

大数据时代下的短视频有更多可能

全球知名咨询公司麦肯锡最早提出了“大数据”时代到来的说法，麦肯锡称：“数据，已经渗透到当今每一个行业和业务职能领域，成为重要的生产因素。人们对于海量数据的挖掘和运用，预示着新一波生产率增长和消费者盈余浪潮的到来。”

事实上确实如此，自2012年以来，大数据逐渐进入各行各业的视野，人们用它来描述和定义信息爆炸时代产生的海量数据。它曾经登上《纽约时报》《华尔街日报》的专栏封面，一度成为美国白宫官网的新闻热搜词，更是互联网主题讲座沙龙的常客，而现在它和短视频联系了起来。

1. 大数据下的短视频风口

德国某大数据公司发布统计数据称：中国网民平均每天花在手机上的时间达3个小时，已经跃居全球第二。再结合国内4G和无线网络的普及，我们认为碎片化阅读的时代到来了。而短视频因为内容精简，能够很好地满足人们对碎片化观看的需求。

过去一篇新闻报道需要两三千字的图文混排来表现，而现在只需要一段3~5分钟的短视频就可以概括。不只是新闻资讯，还有很多领域正在被短视频颠覆，比如美食、健身、旅游、汽车等。另外，大数据时代给短视频留下了丰富的内容创作空间，且出现了大量垂直细分领域。比如有些短视频抓住了二次元这个领域，用更加细分的内容创作来吸引这个领域的人群。

2. 大数据是保证用户黏性的重要保障

在最新的QuestMobile短视频行业，报告传递了这样一个有意思的现象：受短视频整改风波影响，部分APP的用户量大量下滑，而几个典型平台的用户黏性却没有受到影响。那几个平台是怎样牢牢抓住用户的呢？根据对某些APP平台运作机制的分析，我们得出结论：大数据是保证其用户黏性的重要保障。为什么这么说呢？

> **“短”知识**
>
> 用户黏度是指用户对品牌或产品的忠诚、信任与良性体验等结合起来形成的依赖程度和再消费期望程度。很多短视频平台组织线上线下互动，其实就是为了增强用户黏度。

从静态角度来讲，用户社群非常庞大，社群中不同用户对短视频的喜爱类型和观看习惯不尽相同。而短视频平台运营者又不可能做到实时跟踪去了解客户的喜好和需求。从动态角度来看，同一个社群中的用户对短视频的偏好和观看习惯也会时刻发生变化，依靠传统手段很难捕捉到这种变化信息。只有借助大数据才能根据用户的不断反馈得到用户的偏好，然后投其所好投放信息，进而让用户对平台内容产生依赖，产生黏性。

3. 借助大数据增强短视频用户黏性

市面上比较成功的短视频平台，不仅流量增长非常快，而且短视频平台的用户量也非常稳定。这都是大数据带来的好处。在运用大数据进行技术统计时，要围绕用户进行，具体要注意以下几点，如图1-4。

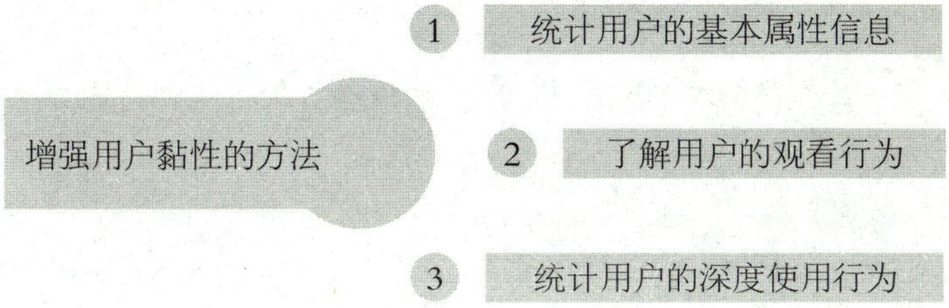

图1-4　增强用户黏性的方法

（1）统计用户的基本属性信息

对短视频运营者来说，越早得到用户的基本信息，就能越早地对用户进行分类，从而越早地制订投放策略。比如借助大数据可以获得用户的性别、年龄、所在地域及用户所采用的中端工具、网络环境等。

（2）了解用户的观看行为

在掌握用户的基本信息之后，运营人员要针对用户在实际观看过程中的行为进行量化统计，比如了解用户从登录账号到退出短视频应用的时段，用户活跃的天数和每天活跃的时间，用户观看的具体内容等。

这些数据可以帮助我们高效地安排短视频的播放顺序和新视频的发布时间，而且还能直接掌握用户的喜好，帮助我们有针对性地推送短视频。

（3）统计用户的深度使用行为

除了对用户的基本信息和日常观看行为信息进行统计外，运营人员还需要统计用户的深度使用行为。什么是用户的深度使用行为？简单来说，就是用户在搜索什么视频，以及用户在观看短视频过程中的点赞、评论、转发等行为。如果短视频平台涉及消费，则要统计好用户的购买行为。

站在风口上的短视频会走向何方

雷军曾经说："站在风口上，猪都能飞起来。"确实，对于2017年来说，从共享经济到新零售，再到人工智能，追逐风口的创业者都享受到了风口的红利。然而不同于蓝海，风口更像是一个时间段内出现的受众需求，等到风平浪静，曾经飞得越高的人就会摔得越惨。

一个很好的例子就是共享经济，2017年被称为共享元年。可以说全国上下，"人人谈共享，处处有共享"。大到创业园区，小到共享单车、共享雨伞、共享充电宝，都贴上了共享的标签。然而一年之后，共享经济潜在的风险终于暴露了出来：大批共享单车企业倒闭、共享充电宝渐渐消失、共享雨伞更是昙花一现。

作为2017年的现象级产品，短视频无疑成了各大资本追逐的新风口。然而随着入场者的不断增加，充满投资思维的短视频在追逐风口的同时也可能迎来巨大风险。那么，站在风口上的短视频究竟会如何发展呢？

1. 短视频内容生产趋势

移动互联网时代的用户耐心越来越有限，注意力越来越分散。在这样的背景下，善于运用碎片化时间的短视频应运而生。但要想迎合短视频用户们日益挑剔的需求，短视频生产者一定要抓好内容生产的趋势，如图1-5。

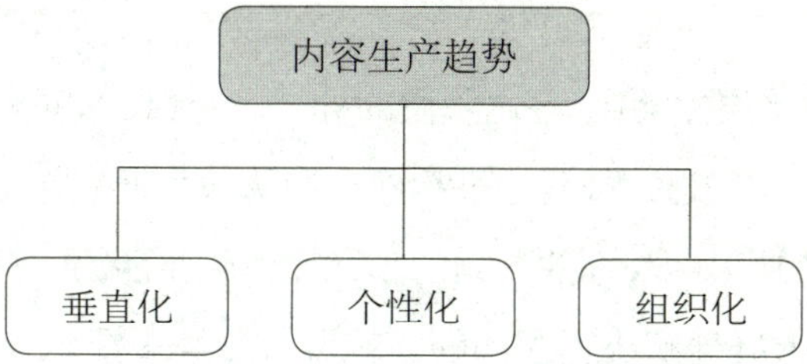

图1-5　短视频内容生产趋势

（1）垂直化

目前占据短视频内容较大份额的搞笑幽默类、明星娱乐类节目虽然拥有很大的流量，但是这种泛娱乐化的策略往往内容趋同且变现困难。所以，垂直细分市场是未来短视频平台发展的必然趋势。

第一财经商业数据中心（CBNData）发布的《2017短视频行业大数据洞察》显示，娱乐搞笑类题材占比逐渐下降，而多个垂直领域占比明显提升。美妆、美食、生活方式等垂直内容更易获得资本青睐，更容易抓住用户。

比如音乐类的节目就可以分为不同的风格：古典、嘻哈、流行、摇滚等。也可以从内容上分为乐器教学、乐理知识学习、音乐点评分享等。

（2）个性化

在海量的短视频节目中，短视频内容生产者要想抓住用户的眼球，首先就要让自己的内容具有个性化。如何具有个性化？现今市场上主要分为兴趣个性化和地域个性化。对于前者，运营者可以利用大数据来精准获取用户的兴趣并将相关内容进行推送；对于后者，短视频运营者应该利用地缘特点来打动受众的情感心智，以获得更高的用户黏性。

> **“短”知识**
>
> MCN是新媒体创作人的一种联盟形式。短视频公司通过签约等形式和个体内容生产者/网红达成合作，系统地帮助他们解决运营推广、中长期规划以及商业化等问题。

（3）组织化

短视频内容创作进入组织进化阶段的标志就是MCN的崛起。在此之前，短视频创作基于个体兴趣，或是通过构建小团队来生产制作更加优质的内容。但是这类制作方法缺乏中长期的规划能力和商业转化能力，往往中途夭折。而今通过MCN就能很好地解决上述问题。就目前形势来看，MCN的领域引来了融资的介入，这会为MCN的发展奠定一个非常好的基础。

2. 短视频行业未来发展趋势

目前短视频行业的马太效应极其明显，金字塔的头部节目占据了播放量的一大部分。各类平台中抖音、快手等几大短视频平台瓜分了大部分流量和用户，而剩下的平台则占据一小部分，且面临着变现的难题，可谓困难重重。如果各类短视频平台想要脱颖而出，必须抓好以下几大趋势，如图1-6。

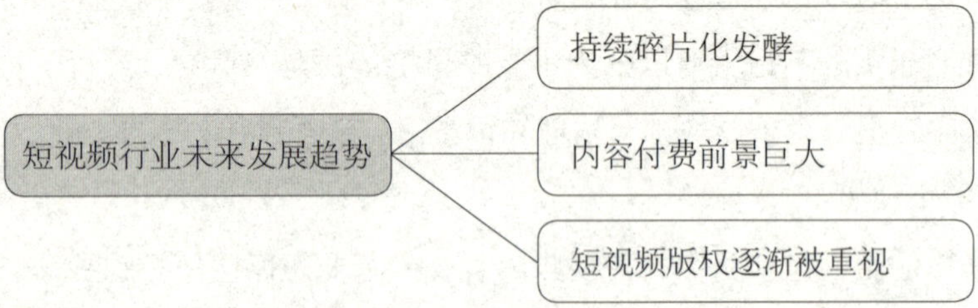

图1-6　短视频行业未来发展趋势

（1）持续碎片化发酵

随着资本的不断进入、大量人才的涌入以及各平台扶持力度的不断加大，短视频行业最终会走向社群化，进而持续碎片化发酵。因此，各类短视频平台应该抓好垂直细分领域，比如母婴、汽车、运动健康类节目的内容生产不足，具有很大的潜在商业价值。

（2）内容付费前景巨大

短视频商业化的探索一直在继续，从广告植入到电商流量，再到短视频广告，已经开辟出了一条内容付费之路。随着对商业模式的进一步探索，短视频内容付费前景巨大。

（3）短视频版权逐渐被重视

比起在线音乐盗版多年的情况，短视频的版权意识似乎来得更快一些。2018年11月7日，国家版权局通过一个多月的整改，下架删除了57万个涉嫌侵权盗版的短视频。短视频版权问题被逐渐重视起来。如果短视频平台不想因为版权纠纷闹得不可开交，那么一定要从现在起重视短视频版权问题。

3. 影响短视频未来发展的关键词

短视频未来的发展不仅要靠自身的内容生产，还要与当下及未来具有前景和市场价值的关键性技术相结合。比如AR/AI技术、5G、区块链等，如图1-7。

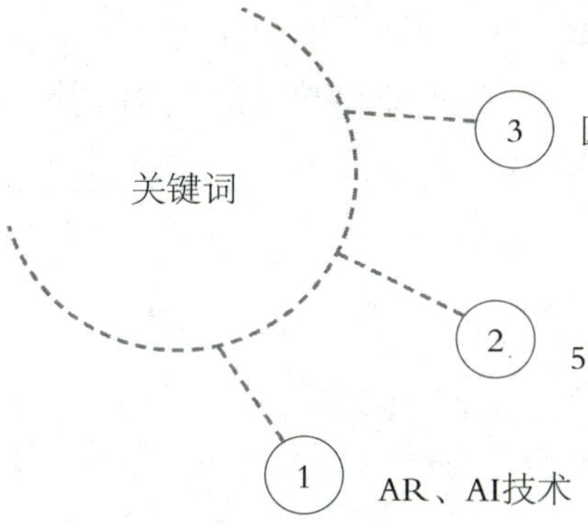

图1-7　影响短视频未来发展的关键词

（1）AR、AI技术

AR技术的出现使得短视频内容形成了更加丰富多彩的沉浸式体验，而AI技术也能给短视频的互动增强带来新的突破。比如网易戏精就借助AR和AI技术让手机画面出现不同的AR特效。而在一些剧本中用户还可以通过手势识别和追踪等AI技术来完成特效的交互。

（2）5G

如果没有4G，就不会有现在移动互联网爆发式的增长，更不会有短视频的爆发式涌现。就像我们无法估计4G带来的催化力量一样，我们同样难以想象5G对短视频会造成怎样的冲击和影响。

“短”知识

AR即增强现实技术，这种技术的目标是在屏幕上把虚拟世界套在现实世界并进行互动。AI即人工智能，能对人的意识、思维的信息过程进行模拟。

（3）区块链

2018年很火的一个词是“区块链”，无论对区块链的未来有怎样的质疑，目前仍然有人在往这个方向靠拢。比如火牛和今日必看就在坚持“短视频+区块链”的做法。

区块链的核心理念是用户使用了产品，花费了时间精力就应该获得报酬。就拿我们观看短视频来说，表面上短视频平台免费提供给我们很多便捷的服务，但其实我们的信息、资料、时间和精力都成了他们赖以生存的资源。

“短视频+区块链”打破了这种模式。比如今日必看的做法是用户可以通过发布视频和观看视频来获得BIK奖励。与此同时，平台邀请短视频优秀生产者来平台发布好的短视频，以此吸引更多用户看视频拿BIK。而等广告商进驻后则需要购买BIK奖励给观看他们广告的用户。

实战分享：papi酱《男性生存法则第一弹》

任何一个新鲜事物的出现都会产生巨大的连锁效应，随着网络的普及，“网红”现象开始颠覆人们对网红经济的认知，网红这一概念迅速点燃了整个互联网界。在这样的大背景下，一个“集才华和美貌于一身的网红”papi酱开始出现在大众视野中。

2015年8月，papi酱制作了1分02秒的短视频——《男性生存法则第一弹》。视频以“所有男人应该都发现了，一旦你的女朋友开始说‘没事’‘没什么’的时候，就是一场吵架的开端！”为主要内容进行展开，真实构解了女生在恋爱过程中的种种心理，其可爱俏皮的形象、逗趣的表情、犀利的语言以及搞怪的声音迅速赢得很多“90后”甚至是“00后”的欢迎。微博一经发出，便获得2万多的转发、3万多个赞。

一炮而红后，papi酱又推出了系列视频，如男女关系吐槽、烂片吐槽、日本马桶盖、上海话+婴语等。当时秒拍、美拍、小咖秀等短视频APP盛行，这也使得papi酱不断拓展传播阵地：从秒拍、美拍等平台迅速积累人气后，又在“90后”“00后”十分活跃的弹幕视频网站——A站（AcFun）、B站（bilibili）持续发酵。而且papi酱还在微信公众平台、优酷、今日头条等多个平台分发她的每一次视频创作。

不是所有人都能够成为papi酱，相比传统的网红，papi酱有着自身的专业优势。papi酱毕业于中央戏剧学院，不管是编剧、拍摄、表演还是剪辑，皆一人担当。短视频的核心是内容，《男性生存法则第一弹》的内容皆是大众耳熟能详的身边事以及社会热点等，很容易引发粉丝的共鸣。短视频持续活跃的关键是创意，当视频中只有一个人时，怎样搞出花样来应对观众的审美疲劳是重中之重。papi酱在男性生存法则系列短视频中利用快进、变声器、变装分饰多种角色等创意完美地解决了这个问题。另外，papi酱能抓住碎片化阅读的趋势，视频基本上在5分钟左右，很好地迎合了人们的快节奏需求。

从某个角度讲，papi酱的走红代表着当下如火如荼的“网红经济”。所谓的网红经济，指的是通过在社交媒体上聚焦人气，依托庞大的粉丝群体进行定向营销，从而将粉丝转化为购买力的一种社会现象。papi酱所代表的以视频为载体的网红算是第三代网红，第一代和第二代分别以文字和照片为承载工具。相比于文字和照片，短视频更能直观地向观众传达情感和信息，所以第三代网红的爆发也在情理之中。而papi酱作为第三代网红的佼佼者，其成功并非偶然。

第二章
找准受众：根据需求建立用户画像

对刚步入短视频行业的人来说，一定要先了解短视频的用户画像。建立用户画像能帮助短视频从业者更高效地发挥用户在平台收视中产生的视频大数据资产，充分挖掘视频大数据中潜在的用户基础信息和行为偏好，从而帮助短视频从业者快速找到受众用户，并搞清楚定位。

短视频用户内容需求分析

当我们运用大数据进行深入挖掘时，我们就已经能清晰地认识到我们的目标用户是谁，接下来我们应该做的就是挖掘用户对短视频内容的需求，并将用户想看的内容推送给他们。

1. 用户对内容的需求分类

要想满足用户对短视频内容的需求，首先要知道用户需要哪些内容。用户对内容的需求细分为以下4类，如图2-1。

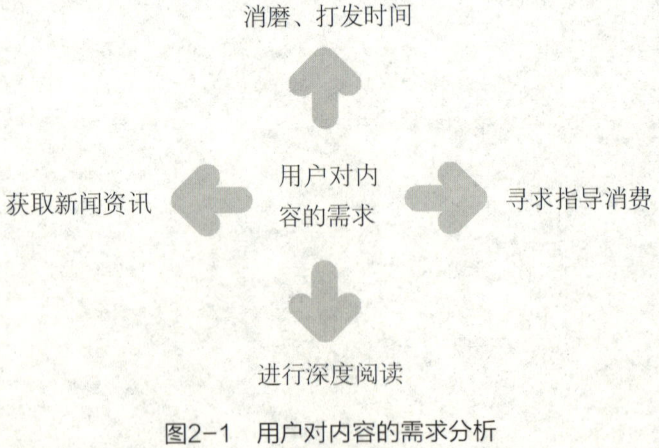

图2-1 用户对内容的需求分析

（1）消磨、打发时间

就像玩游戏消遣一样，刷抖音、玩快手也仅仅是为了打发时间。既然是打发时间，自然要看一些有趣的内容，所以很多娱乐性、互动性的短视频平台很吃香。

（2）获取新闻资讯

你留意到了吗？现在人们看电视的时间越来越少，而且如果有什么新闻大事件，你一定不会等到傍晚六七点坐在电视机前看新闻联播。而是通过手机、电脑等获取新闻资讯。短视频不仅直观、明了，而且比图文内容生动、方便。其实大多数人也是如此，借助资讯类短视频，这样不仅能时时掌握时事热点，还能节省时间。

“短”知识

为了满足用户的需求，很多平台并不是单一地满足用户的一个需求，而是交叉存在，比如今日头条既能满足用户对新闻资讯的获取，又能提供一些娱乐性的内容。

（3）进行深度阅读

除了获取一定的资讯和打发时间以外，用户观看短视频还可能是为了深度阅读。“你知道吗？你真的知道吗？你确定你知道吗？有问题上知乎！”如果你经常泡豆瓣、逛知乎，一定会对这句广告词深有同感。确实，即使是一个很肯定的答案被人连续问三遍也会动摇，何况是那些原本就不知其解的用户，更需要一个深度阅读的窗口。为此知乎专门上线了短视频专区功能，以满足用户对深度阅读及碎片化阅读的需求。

（4）寻求指导消费

就像当初买相机要去逛一逛相机论坛一样，现在想要购买什么第一时间不是泡论坛，而是上小红书、一条、什么值得买这类平台。其实，这个过程就是用户在寻求指导消费。通过这类平台，用户可以对一些产品的基本信息、优惠信息及购买价值等内容有一个基本的了解，从而决定是否消费。

2. 用户分析算法

在清楚了用户对短视频内容的需求之后，接下来的事就是将内容推送给用户。这时就会遇到一个问题：怎样才能向用户推送他们喜欢的内容呢？借助用户分析算法可以很好地解决这个问题，如图2-2。

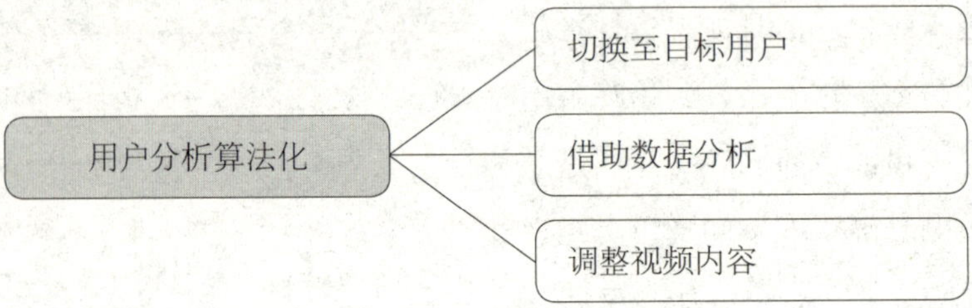

图2-2　用户分析算法

（1）切换至目标用户

唯有深入目标用户，才能真正了解用户的需求，但是我们做不到“上山下乡”，只能从自身入手，切换到目标用户的角色，为自己的“用户”身份设定一定的条件，如年龄、喜好、性格等，观看自己制作的视频并进行客观思考。做完这些还要切回内容制作者的身份，对刚才的想法需求进行理性的分析，然后想方设法解决用户的问题和需求。

（2）借助数据分析

换位思考没什么不对，但是我们毕竟是内容创作者，很多时候我们的想法和用户的想法不对称，即我们认为好的内容用户不一定喜欢，而我们认为没什么价值的内容却能引起用户的关注。所以，为了解决这个问题，一定要借助后台数据对用户进行分析。其

> **“短”知识**
>
> 如果无法获得用户的真实反馈，不妨向用户征集内容，这样不仅能看出目标用户喜欢什么样的短视频，而且还可以增加用户黏性。

次，当有了一定的用户积累后，还可以对用户进行调查问卷、访谈等。

（3）调整视频内容

根据以上种种，我们已经了解了目标用户的需求，现在我们要做的就是及时调整视频内容。比如，如果用户偏向于打发时间，我们就尽量选择一些较为轻松、有趣、搞笑的内容去做；如果用户偏向于深度阅读，我们就可以选择一个事物进行深度剖析，满足用户对深度阅读的需求。

借助同类短视频，以明确市场定位

根据目前短视频的现状，在巨大的市场需求和参与热情的背后，短视频的发展实际上已陷入了“百团大战”的旋涡，俨然一副直播的发展轨迹：烧钱的烧钱、补贴的补贴。然而最严重的问题是短视频平台之间的同质化，如果某个短视频平台搞不清自己的定位，被同化掉，那么等短视频行业洗牌的时候就很容易被淘汰。

“物竞天择，适者生存”，这里的“适”用在短视频行业就是市场定位。所谓的市场定位，指的就是针对产品在目标消费者心目中相对于竞争产品而言占据清晰、特别和理想的位置而进行的安排。如果短视频平台想在“百团大战”中脱颖而出，就必须明确市场定位，摆好自己的位置，这样才能有的放矢，增强自己的竞争力。

1. 搜集同类短视频的相关数据

既然是市场定位，市场上的同类短视频自然是参考学习的对象。这里的参考学习不是复制粘贴，而是以其作为目标，分析对方为什么能成功，以及对方短视频的优缺点。通过分析我们能避免走弯路，从而建立起一个自己的制作模板。比如短视频制作者要思考以下问题。

- 西瓜的使用时长比秒拍多很多，西瓜的内容到底有什么魔力？

- 快手为何能连续几年保持优秀的表现且深深扎根群众？
- 火山重金砸下去后效果明显，怎样才能用最少的钱砸出最好的效果呢？
- 抖音和快手市场定位有何不同？为何都能取得各占半壁江山的位置？

2. 确立短视频分析纬度

收集了相关数据之后就要进行数据分析，确立短视频分析的纬度。一般来说，短视频的分析纬度包括以下几个方面，如图2-3。

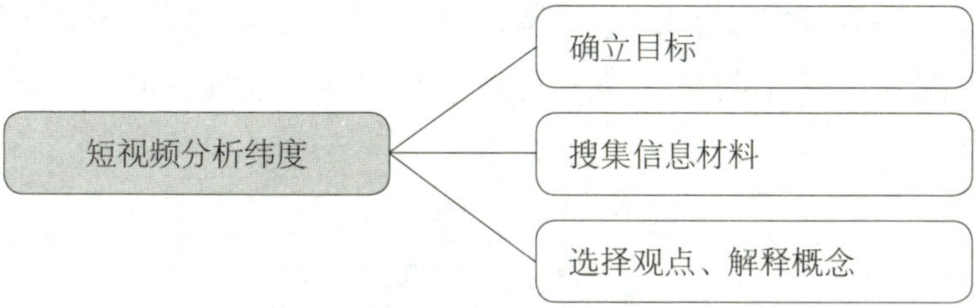

图2-3 确立短视频分析纬度

（1）确立目标

在确立目标时应该思考这样几个问题：我想要达到怎样的效果？为了达到这个效果要做哪些工作？需要付出多少精力和资金？

（2）搜集信息材料

有了目标之后就要着手去搜集信息材料，这时要注意两点：一是搜集的材料要切合主题；二是注意版权问题，以避免发生法律上的纠纷。

（3）选择观点、解释概念

在搜集到材料后，综合材料将短视频想要表达的观点列出来。事实上，能够被大多数观众认同的观点很容易扩大受众群体，而对于有争论的观点或是容易制造冲突的观点要慎重选择。此外，在短视频中势必会提到很多事物和现象，对此短视频制作者要有一个概念认知，但是观众并不一定持有相同的看法，所以如果短视频需要提到某种概念，就一定要对概念进行解析。

比如一则主题为“因为5G，华为就是很牛”的短视频，这里面作者想要表达的观点其实是华为很牛，这一观点现在普遍为人们所接受。这里面还提到一个概念——5G，这就需要视频制作者向观众解释什么是5G，为什么因为5G华为变得很牛。

3. 建立短视频分析画像

短视频分析画像指的是将各大平台上的短视频进行归纳整理，将不同类别的短视频分别开来，从而将抽象的数据具体化的一种形式。建立短视频分析画像可以帮助短视频制作者直观地了解观众对短视频类别的偏爱，从而为短视频制作者提供题材。目前常见的短视频类型有以下几种，如图2-4。

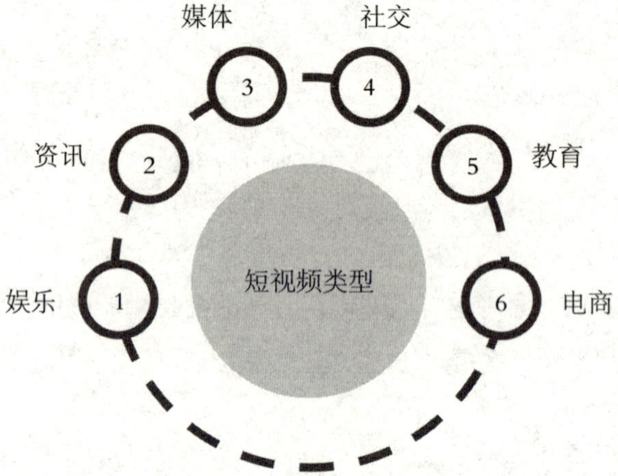

图2-4　短视频类型

（1）娱乐

娱乐类短视频的目的是为用户带来欢乐，所以内容上要注重幽默性。同时还要雅俗共赏：太过高雅的内容会显得无趣，而太过低俗的内容则不能获得长远的发展。

（2）资讯

以梨视频为代表的资讯类短视频可以让用户在单位时间内获得更多的资讯，很符合当下快节奏的生活方式，所以现在很多用户都开始通过短视频媒介来了解每日资讯。不过资讯类短视频大多是由团队打造的，只有各个成员之间相互配合，才能够保证让观众获得第一手信息。

“短”知识

梨视频是优秀的资讯类短视频生产者之一，由资深媒体团队和全球拍客共同创造，大部分视频时长控制在30秒到3分钟之间，力求展现新闻事件中最精华的内容。

（3）媒体

以自媒体为代表的媒体类短视频正在颠覆传统的媒体形式。不同于资讯类短视频，媒体类短视频传递的信息既可以是当下的热点，也可以是非热点信息，而且相比之下更注重内容的打造。

（4）社交

以抖音、快手为代表的社交类短视频平台受到越来越多人的喜爱，这是因为人作为社会化的动物永远离不开社交群体。社交类短视频最主要的一个特点是要与用户之间形成互动，通过互动来增加用户的黏性。

（5）教育

教育类短视频的范围很广，其覆盖的人群也非常多，各个年龄层、各个阶层、各行各业，主要以“传道授业”为主。这就需要短视频制作者在短时间内把所要传授的知识或技能讲清楚。虽然教育本身是一个严肃的话题，但还是应该根据用户的偏好选择较为有趣、轻松的方式进行讲解。

（6）电商

以淘宝、京东为首的电商已经开始推出自己的短视频渠道，比如现在我们打开京东网页会看到很多商品都开始用短视频介绍。电商类短视频的一个基本功能是向用户展示商品，在内容安排上更多考虑消费者的心理。

短视频标签有助于快速找到用户群体

在传统媒体时代，每当人们谈起“选秀”就会想到湖南卫视，谈起电视剧就会想到安徽卫视；进入网络媒体时代，“热点”成为新浪微博的标签；在自媒体时代，人们一谈到“吐槽”就会想到papi酱……标签化是当下生活中十分常见的一种现象，通过贴标签的手法将人或事物分类，形成固定的形象，当其他人看到时首先想起的便是这个标签。而在短视频领域中同样追求这种贴标签的效果。

1. 为什么要给短视频贴标签

我们常常花费很多时间和精力去策划、拍摄、剪辑一个几分钟甚至几秒钟的视频，结果视频投放出去却没人看。其实这是没有找到具体的目标用户的缘故。为什么找不到目标用户？很可能是我们遗漏了其中最关键的一步——给短视频贴标签。

> **“短”知识**
>
> 给短视频贴标签已经成为短视频寻找用户群体的一种惯用手法，比如“一条”的标签是文艺，“陈翔六点半”的标签是幽默，papi酱的标签是吐槽。

不论短视频选择什么题材，采用怎样的表现形式，最终的目的都是为了让用户认识你，知道你有多特别。

而短视频标签能让我们的短视频变得独特、唯一、与众不同。并且好的短视频标签可以使短视频命中算法推荐逻辑，直达粉丝用户群体，迅速帮我们找到目标用户并积累用户。

比如，你希望在自己的短视频中呈现一个“吃货”的形象，那么在每一期的短视频中都要全方位体现吃货这个标签。例如第一期讲述一个“漂亮的吃货”的故事，第二期讲述一个“怎么吃都不胖的吃货”的故事，第三期讲述一个“如何做一个勇敢的吃货”的故事……这样一系列吃货的标签串联下来，人们提到吃货就想到了你，你的短视频内容就会在广大吃货群体中传播，这样你就找到了短视频内容创作和商业挖掘的阵地。

2. 给短视频贴标签

一旦拟定好标签，其内容方向往往是固定不变的，所以在订立标签时一定要谨慎，同时还需要一些方法才能快速找到用户群体，如图2-5。

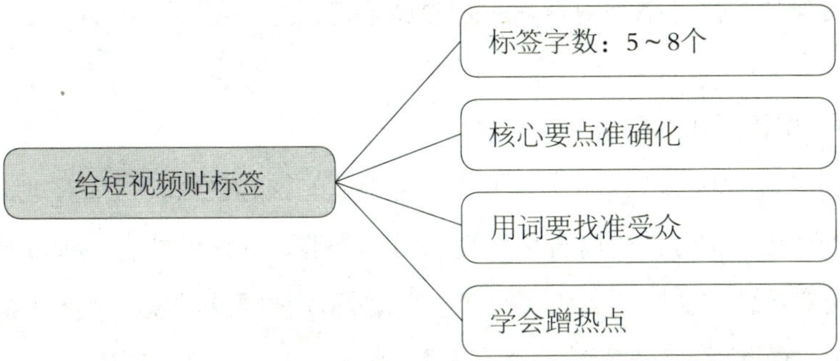

图2-5　给短视频贴标签的方法

（1）标签字数：5～8个最佳

很多新手会把短视频标签的概念归为对短视频进行分类，于是贴上“搞笑”“游戏”“吃货”等标签。其实短视频标签不只是简单地给短视频分类，而是代表着分发给不同的粉丝群体，所以描述类词语的标签一定要符合该关键词画像的用户群体。一般来讲，每个标签的字数在2～4个之间，好的视频标签字数要在5～8个之间。

比如“搞笑”这个标签就很大众，而换成“办公室搞笑”就更具体一些。再比如“游戏”这个标签太广泛，而如果换成“‘吃鸡’36计”就很具体，而且很独特，目标直指玩绝地求生这款游戏的用户。

（2）核心要点准确化

一些用户在给短视频贴标签时，误以为可以夸张一点或是覆盖范围广一点，于是用一些不相干的字眼来吸引特定人群。比如，明明是萌宠类的视频，非要贴上高科技的标签；明明是美食类的视频，却和运动风格联系在一起。这样即使是再好的内容也很难得到准确推荐。因此，短视频标签的内容一定要和内容主旨相关联。比如发布美食类视频，标签中的内容就一定要属于美食这一范畴，例如蛋糕、川菜、麻辣烫、火锅等。

> **“短”知识**
>
> 除了主动给自己贴标签外，还可以根据在与粉丝互动的过程中看看自己哪个点给他们的印象最深刻，最适合拿来做标签。

（3）用词要找准受众

给短视频贴标签的目的是为了找到短视频的核心受众，从而获取大量的点击率。所以在用词时就可以直接体现出目标人群，这样就能把短视频精准投放到核心受众群体中。比如美食类、摄影类、运动视频就可以在标签中加上“美食专家”“拍照达人”“头号球迷”等关键词；有关动漫、二次元的内容，可以加入“萝莉”“萌妹”等关键词；涉及互联网、IT行业的短视频，可以贴上“码农”等标签。

（4）学会蹭热点

虽然内容创作要谨慎跟风，但还是要具备蹭热点的本领。热点事件既然能成为热点，就意味着有千千万万的网民在关注这一话题。而如果我们的短视频内容刚好能蹭热点，就势必会增加视频曝光率，从而获得更多推荐。

大数据是建立用户画像的重要参考

视频脱口秀主讲人罗振宇在《时间的朋友》跨年演讲上举了这样一个例子：当一个坏商家掌握了你的购买数据，他就可以根据你平常购买商品的偏好来决定是给你发正品还是假货以提高利润。我们且不看是否存在这类商家，而是把目光放到更重要的事情上——用户画像。在这个例子中商家有可能利用用户画像来达到“精准销售”。那么到底什么是用户画像呢？如何借助大数据建立用户画像，找到短视频的目标用户呢？

1. 什么是用户画像

在一位应聘者的简历上写着这样一行信息：小明，男，24岁，北京人，大学本科毕业，曾任职某公司主管。这行信息便是小明的画像。而对公司来说，所有的简历汇聚到一起，然后根据数据统计就能得出应聘者的画像，即用户画像。

所谓用户画像，指的是根据用户的社会属性、生活习惯和消费行为等信息而抽象出的一个标签化的用户模型。构建用户画像的核心工作即是给用户贴“标签”，而标签是通过对用户的信息进行分析而得到的高度精练的特征标识。

举例来说，如果你经常购买一些玩偶玩具，那么电商网站就会根据你买玩具的情况给你贴上“有孩子”的标签，甚至还可以判断出孩子的大概年龄，贴上“有3～6岁的孩子”这样更为具体的标签，而这些所有的标签综合在一起就形成了你的用户画像——一位3～6岁孩子的家长且经常买玩具。得出这样的结论后，电商网页就会向你精准推送更多关于3～6岁的孩子的玩具。

短视频制作者要想找准目标用户，就需要通过数据建立用户画像，然后根据用户画像制作视频，这样才能有的放矢，正中目标用户。

2. 大数据建立用户画像

在了解了什么是用户画像之后，我们要借助数据建立用户画像。首先我们要认识一下用户数据的分类。一般来说，用户数据分为静态信息数据与动态信息数据两大类。静态信息数据是比较容易掌握的，比如用户的性别、年龄、地域、职业、婚姻状况、是否有孩子、消费周期等。而动态信息数据因为在不断变化，所以比较难掌握。比如用户的浏览、搜索、点赞、评论等行为。因此对于动态数据，短视频制作者要进行长期追踪、搜集数据，然后从用户的变化中总结出规律，从而得出较为精准的用户画像。

> **“短”知识**
>
> Kano模型是由东京理工大学教授狩野纪昭发明的，其主要作用是将用户的需求进行分类后按照重要程度进行排序。短视频制作者可以利用该模型得出短视频内容所要满足的轻重缓急，以便合理安排。

没有最火的短视频，因为单独的某个短视频即使再火也不可能满足所有观众的需求。不过，我们只要抓住用户的主要偏好和需求就足够了。借助Kano模型就能很好地解决这个问题。Kano模型按照用户的不同需求的重要程度将其分为五类：基本型需求、期望型需求、兴奋型需求、无差异型需求和反向型需求，如图2-6。

这五类需求的重要性程度依次递减，其中基本型需求是必须满足的。比如智能手机的基本型需求有语音通话、信号覆盖等。而如果智能手机连这些基本需求都达不到，就会引起用户极大的不满。所以短视频制作的内容必须满足用户的基本需求，比如新闻类短视频就是要将最新、最热的资讯及时地推送出去。

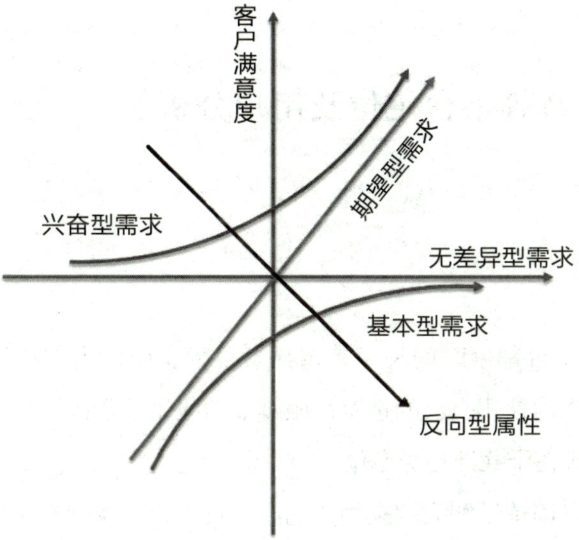

图2-6　Kano模型

期望型需求也称为意愿型需求，在短视频中指用户在观看短视频之前预期达到的需求，也就是我们所说的“痛点”。虽然期望型需求不是必需的，但是如果视频作品的内容能满足用户这部分的需求，就会增加它在同类视频中的竞争力。

兴奋型需求也称魅力型需求，如果能满足用户的此类需求，就会很大程度上提升用户的满意度。这就需要短视频制作者在内容中增加让人惊喜的部分。

无差异型需求指的是那些不论提供与否都对用户体验无影响的需求。例如航空公司为乘客提供没有实用价值的赠品。短视频制作者在制作短视频时要避免这方面的内容。

反向型需求又称逆向型需求，这类需求是不应该做的，否则很容易适得其反，引起用户的不满。

秒拍、抖音等平台定位及用户分析

每个短视频平台都以时间长短来定义短视频，而作为短视频创作者，则要在被定义的时间内使用自己的创意征服观众，收割他们碎片化的注意力与时间。这其中的关键在于找准自身定位，即平台定位。

平台定位可以简单理解为解决用户的心理诉求，当用户有需求或是提到某个概念的时候，首先想到的是你的产品，这就证明你的产品定位是成功的。打个比方：想去了解最近明星大咖们都在干什么的时候，想到的是秒拍；想去看看最近有没有什么炫酷的玩法的时候，想到的是抖音；想看看大家的生活百态的时候，想到的是快手。

1. 秒拍：10秒拍大片

秒拍APP是由炫一下（北京）科技有限公司开发和发布的一款集视频拍摄、视频编辑和视频发布功能于一体的短视频拍摄软件。秒拍APP在2014年全新上线后就获得了“文艺摄影师”的称号，风格偏向于文化与潮流化。“10秒拍大片”是秒拍的广告语，从这一点可以看出，秒拍的核心功能定位为简单易用的短视频拍摄编辑工具。不过从产品开发至今，秒拍从基本的工具属性延伸出了更多的社交属性和媒体属性，所以在秒拍官微的简介页面中我们还可以看到这样一行字：“众多明星、美女都在玩的最新潮短视频分享应用。”如图2-7。

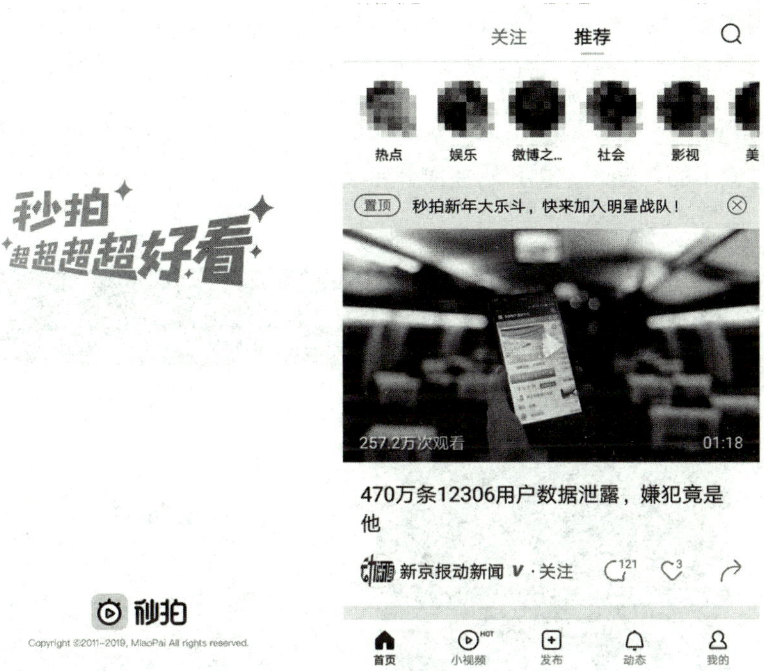

图2-7　秒拍APP进入页面及首页内容

秒拍的用户画像：

- 多数为一二线城市的用户，大城市年轻人的娱乐活动更丰富。
- 以“80后”“90后”用户群体为主，女性用户偏多，乐于接受新鲜事物，乐于分享身边美好、有趣的事物。
- 一小部分是明星、网红或是各路网络达人。

2. 抖音：记录美好生活

抖音APP是由北京微波视界科技有限公司开发的专注于15秒音乐视频的拍摄软件，界面如图2-8。对于一款短视频拍摄软件来说，抖音的音乐短视频掀起了一股潮流。最初的抖音经常被贴上“潮”“酷”的标签，用户群体也是一二线城市的年轻人，他们在节奏感极强的音乐下制作出一些充满创意的视频内容，受到了很多追求个性和自我的年轻人的追捧。

不过随着抖音用户群体的不断扩大，抖音的定位也有所变化。2018年3月份，抖音确定了自己的新标语——“记录美好生活”，这个定位与之前的“音乐短视频APP”相比清晰了很多，也生活化了许多，这意味着抖音不仅致力于一二线城市的年轻人，也开始拥抱三四线城市人群。

图2-8　抖音APP进入页面及首页内容

抖音用户画像：

- 主要以一二线城市年轻用户为主，男女比例比较均衡，女性略大于男性。
- 用户群体开始向三四线城市逐渐渗透。
- 用户为城市青年、时尚青年、学生、才艺青年、俊男美女。
- 用户标签为喜欢音乐、美食和旅游居多。
- 社交风格更趋向于流行时尚、文艺小清新与校园风格。

3. 快手：记录世界记录你

快手APP是北京快手科技有限公司旗下的产品，其用户定位是“社会平均人”，即普通人的分享平台，界面如图2-9。所以快手的用户群体范围很广。这是一个充满奇趣和民间高手的地方，是每一个热爱记录和分享生活的人的舞台。

不过快手曾经因为一句“老铁双击666”被贴上“low”的标签，而且因为内容低俗问题陷入整改风波。从快手收购以一二线城市用户为主的A站（Acfun）来看，快手想要极力摆脱“low”的标签。

图2-9　快手APP进入画面及首页内容

快手用户画像：

- 大部分用户来自二线城市以下，来自四线及以下城市的也占很大比例。
- 从一线城市到五六线城市的生活百态，从田间地头到广场上。

- 热爱分享、喜欢热闹、年轻化的“小镇青年”。
- 很大一部分群体为广大社会底层中青年。

4. 西瓜视频：给你新鲜好看（原头条视频）

西瓜视频通过人工智能帮助每个人发现自己喜欢的视频，并帮助视频创作者轻松地分享自己的视频作品，界面如图2-10。西瓜视频的前身是头条视频，于2016年7月上线，定位是做个性化推荐短视频平台，以PGC短视频传播为主。2016年9月，今日头条宣布投资10亿元用以补贴短视频创作者，随后独立孵化出UGC短视频平台——火山小视频。2017年6月8日，“头条视频”升级为“西瓜视频”。

图2-10 西瓜视频APP进入页面及首页内容

西瓜视频用户画像（来源于Aanlysys易观数据）：

- 头条视频的用户男女比例为8：2，以男性为主。

- 中等收入的一二线城市中的男性是主要受众。
- 30岁以上的用户超7成，其中31～35岁占比35.5%，36～40岁占比11.8%，41岁以上占比26.9%。
- 地域分布上，以一二线城市为主，其中超一线城市占比10.5%，一线城市占比33.9%，二线城市占比21.1%。
- 消费能力上，中低消费者占比最高，达35.7%，中高等消费者占比22.4%，中等消费者占比22.4%，低等消费者占比17%，高等消费者占比2.6%。

实战分享：同道大叔和他的星座故事

相信很多玩微博的人都看过“同道大叔”的微博，如图2-11。尤其在女性群体中更受欢迎，因为他的微博内容是漫画、情感、吐槽，而这些关键词无疑是最吸引女生的。每一个对星座感兴趣的女性几乎都听说过或者看过他的星座吐槽。

早在2013年，同道大叔就开始在微博为粉丝画头像和搞笑漫画，当时的同道大叔已经获得了小众用户的喜欢。2014年1月，同道大叔发了一条关于十二星座失眠的微博，这篇微博的转发量达到4万+，成了同道大叔走向商业化IP的开端。而后同道大叔凭借先发优势，一年之内粉丝从10万直接涨到了500万+，成功享受到了新媒体流量红利。2016年，同道大叔获得上市公司美盛文化的青睐并被收购。而在这次交易中，同道大叔创始人也赚得盆满钵满。

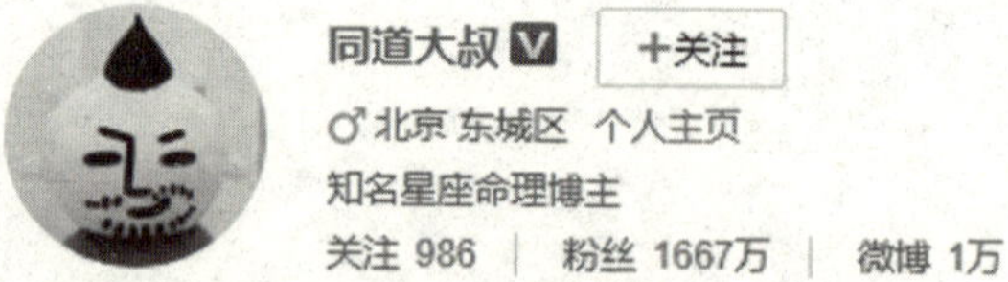

图2-11　同道大叔微博

同道大叔为什么能取得成功？我们来分析一下同道大叔的产品定位。关于产品的定位，一般分为三种：根据共性，为市场提供一种商品；尊重差异，为市场提供不同商品；仅制作市场中细化的某一类商品。同道大叔采取的是第二种，他根据市场的不同需求为不同的用户群体提供不同的产品。

最开始的时候短视频还没有流行起来，以图文为代表的信息传播方式成了同道大叔获取用户的主要途径。而后随着互联网的发展与升级，开始制作一些以各星座为主题的搞笑短视频。同道大叔在不同阶段的不同的产品输出都精准地抓住了市场，获得了大量用户资源。

同道大叔以星座为主要话题，以分析星座的形式来为用户提供情感上的建议。在用户群体中，尤其是女性群体在进行社交时经常会提到星座，而日常生活中很多事都会和星座产生联系，于是星座就成了一个很好的话题切入点。同道大叔为了快速搜集用户数据，以微博为阵地发起了一系列关于“你怎么看待某个星座”的讨论，根据粉丝的留言，同道大叔很快搜集到了目标群体。而在之后的短视频作品中，同道大叔会根据用户的喜好来设定主题。借助明星效应，同道大叔还打造了《你好明星》系列短视频节目，节目每一期都会邀请一位明星以星座为主题进行采访，吸粉无数，如图2-12。

图2-12 《你好明星》某期节目视频截图

不过对拥有超过1600多万粉丝的同道大叔来说，想要准确获取粉丝的全部需求无疑是非常困难的。在这样的情况下，同道大叔必须建立用户画像，并以星座分析连接点，将不同的用户画像分析出来。而在取得一定知名度后，他还开展了许多线下营销活动，甚至还与民生银行合作推出了以12星座为主题的银行卡。由此可见，同道大叔的成功，正是由于他在短时间内建立了用户画像，并找准了自己产品的定位。

第三章
创意策划：破解刷屏级短视频的策划秘诀

一个优秀的短视频往往需要好的策划方案，一些精密、有水平、有创意的策划往往能让短视频作品主题鲜明，且具有很强的观赏性。而一些草草而就的策划方案既浪费时间又达不到理想的效果。所以，要想打造出优秀的短视频作品，必须把策划做到位。

多平台多引擎挖掘热点选题

抖音APP很神奇的一点是，无论是什么内容，都有可能被引爆成一个热点。有一段时间抖音上的小黄鸭掀起了一股魔性风潮，甚至小黄鸭的表情包一度在微信表情包里风靡。很多人都不知道小黄鸭为什么突然火了起来，其实它源自一位身穿黄色卫衣的女性跳舞的视频，因为跳得很有意思，所以很多抖音创作者开始在抖音里模仿，后来就出现了小黄鸭的表情。这位最开始的创作者也迅速走红，粉丝涨了几十万。借助小黄鸭的爆款热点，很多抖音作者也轻松上了热门，有的抖音作者瞬间增长几万粉丝，而抖音里合拍功能更是让小黄鸭这一热点不断发酵。

不过，像这样的原创性爆款热点对短视频制作者来说并不是时刻都能想到的，所以作为短视频创作者，除了自身的创意外，还要学会蹭热点，根据热点话题来让短视频迅速发酵、升温。

关注热门话题的热门评论，可以挖掘出更多的题材和故事。或者从各大咨询网站、官方微博、热门榜单中搜索选题，比如百度搜索风云榜和微博热搜榜。

1. 百度搜索风云榜

百度是全球最大的中文搜索引擎和最大的中文网站，每天都有数亿人在使用百度进行搜索。百度搜索风云榜就是以数亿网民的搜索行为为数据基础，将关键字进行归纳分类，从而形成的榜单，如图3-1。

具体的寻找方法是：打开百度首页面，找到页面右上角的更多产品，点击一下就可以看到“风云榜”。或者也可以直接在百度中搜索“百度风云榜”。

在百度搜索风云榜首页我们可以看到如下页面布置（局部）：实时热点、七日关注和今日上榜。短视频制作者可以根据当前热点寻找适合自己的创作选题和方向。

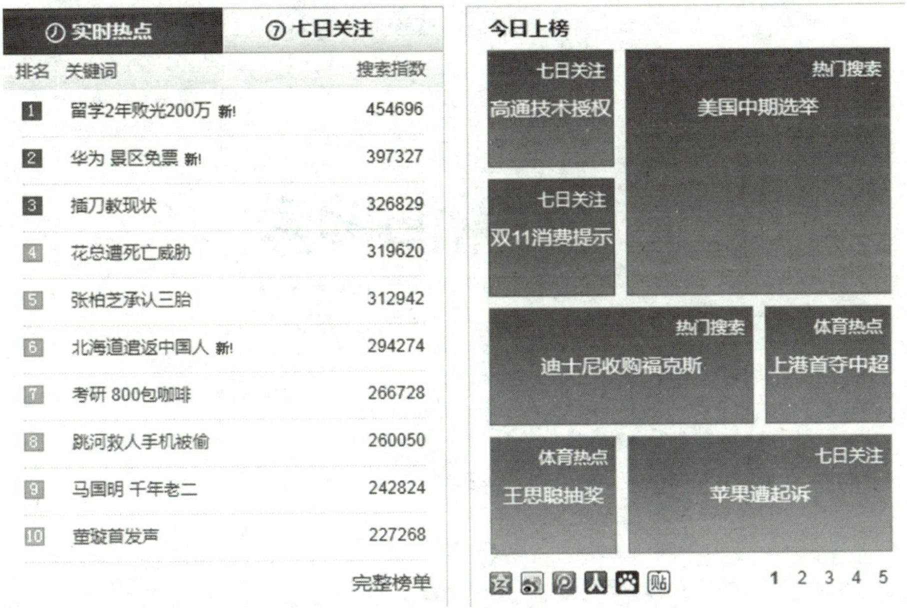

图3-1 百度搜索风云榜

2. 微博热搜榜

微博是现如今用户在网络中使用最多的社交平台之一。微博提供了一个平台，用户既可以作为观众在微博上浏览感兴趣的信息，也可以作为发布者发布一些内容供别人浏览。用户之间还可以对热点话题进行讨论。而微博热搜榜就是微博对当下热点最及时的整理和归纳。

具体的寻找方法是：第一步，打开微博首页并点击微博搜索框的搜索按钮，如图3-2；第二步，点击如图3-3所示部分，会弹出热搜榜的部分内容，找到“完整热搜榜”的标识，点击进去即可看到完整的榜单。

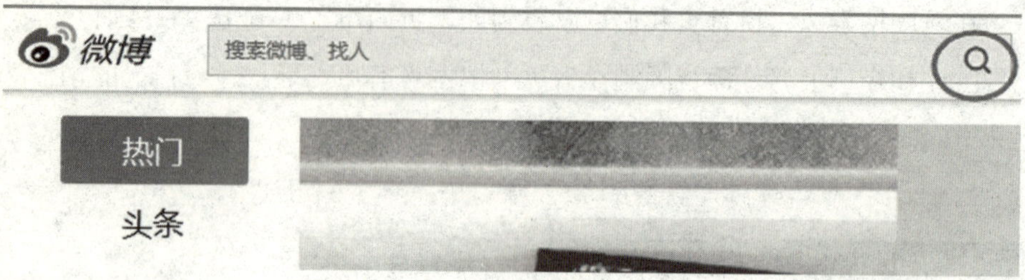

图3-2　第一步

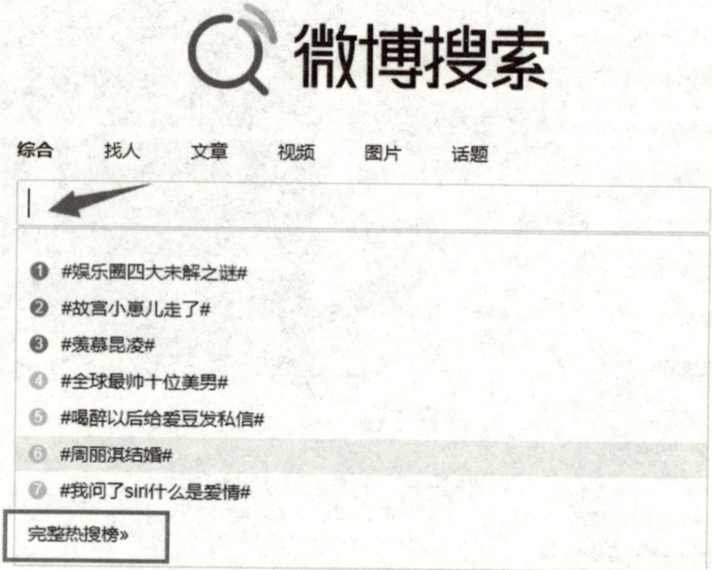

图3-3　第二步

3. 一帧数据平台

一帧是全网第一个视频营销大数据平台，平台以短视频大数据切入，提供内容热点挖掘和行业分析以及粉丝画像等内容。借助一帧数据平台，短视频创作者能更好地挖掘短视频领域的热点话题。

具体寻找方法是：百度搜索一帧数据，找到平台首页，然后点击“排行榜单”，如图3-4；进入榜单可以看到创作者榜、视频热度榜等，短视频创作者可以根据自己的需求进行参考，如图3-5。

图3-4 第一步

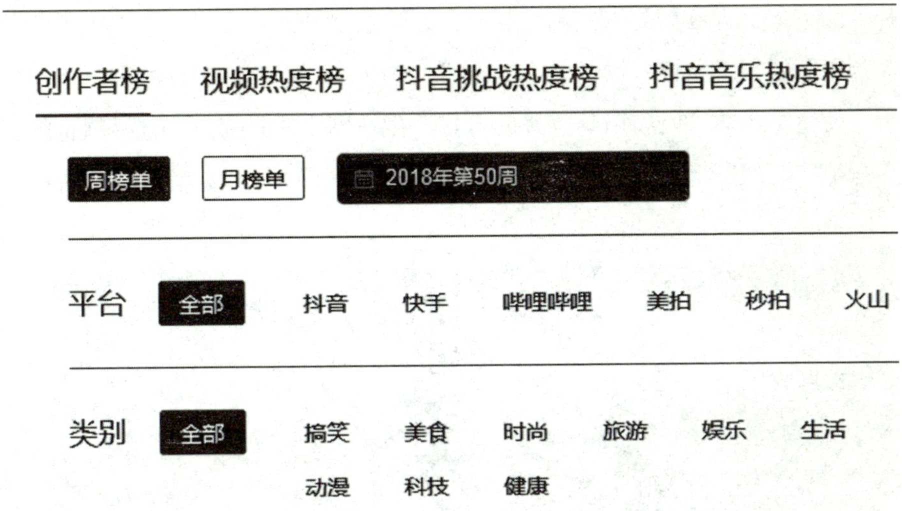

图3-5 第二步

创意选题需要注意的5个点

如果你是卫龙辣条的创意总监，现在要入驻抖音发一条短视频，目的是提升产品形象。你会想到哪些创意呢？卫龙辣条最开始发布了两条视频，第一条视频很普通，甚至连标题都没有，结果反响平平。而第二条视频则创意十足，不仅使得产品本身的特质与美好的方式产生戏剧化的碰撞，而且标题也颇有新意：辣条吃出了米其林的感觉。毫无意外地收获了17万人的点赞，如图3-6。

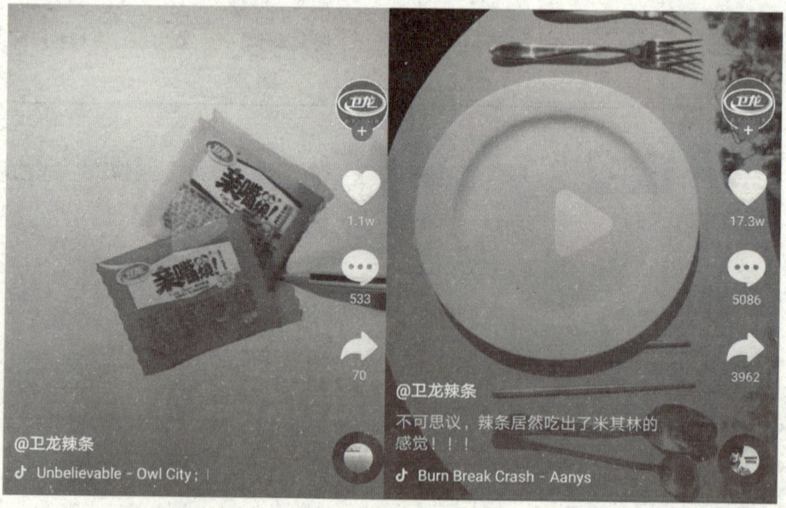

图3-6　卫龙辣条发布的两条视频对比图

这说明什么呢？短视频在策划时离不开创意，没有创意的内容很难成为爆款。下面我们讲一些制作创意选题时的具体方法和注意事项。

1. 以用户体验为目标

我们做短视频的目标之一是为用户带来良好的观看体验和实用价值。所以在做选题的时候，就要想好我们的短视频能够为用户带来什么。比如在做数码类的短视频时，有以下两个方向可以参考。

（1）新奇的内容。数码产品具有很强的时效性，越是新产品越能吸引用户的注意。这些新产品自带流量，能够为需要更新数码产品的用户带来参考。

（2）向简单化方向发展。我们知道一些手机有很多隐藏功能，比如华为P20采用了刘海屏幕设计，可以依次点击“设置—显示—显示区域控制—隐藏显示区域”来隐藏刘海。这样的内容是非常实用的，能够为用户带来实用价值。

2. 做新鲜有创意的选题

我们看到平台上那些做得比较好的大IP，如papi酱、一条、二更等，他们的成功都有一个共性，即不管是内容也好，还是形式也好，都十分新颖有创意。所以在做选题策划时一定要重视那些新鲜有创意的选题。

> **“短”知识**
>
> 如果自己想不到好的创意或是想要找一些比较大的创意，可以去其他行业、渠道挖掘一些做策划或是有策划经验的人才，这样可以使整个创意有一些新的火花。

不过对需要积累粉丝或是新兴的团队来说，创意固然重要，但也存在很大的风险。所以应该以稳扎稳打为主、新颖创意为辅，这样能减少时间成本和试错成本的损失。稳扎稳打很简单，比如可以找到一些爆款图文来翻拍，或是搜集一些创意进行联想。比如有一个小妙招是自制刷鞋神器，也就是使用牙膏和废弃的牙刷来刷小白鞋。根据这个创意我们可以结合生活中的痛点延伸一下，比如自制洗衣机、自制水果机等。

3. 选择互动性强的话题

很多短视频制作者存在这样一个误区，即总以为自己把视频做好就会有观众来看。其实，短视频重点不在于短，也不在于视频，而在于观众。有了观众才有播放量，才可能变现。所以，在策划短视频时一定要围绕观众来构架，选择那些互动性强的话题。

比如怎样把普通的牛仔裤穿出潮牌的感觉，怎样无器械健身最有效，怎么把泡面做成豪华大餐等。

除此之外，在短视频中穿插一些梗或是故意穿帮也能引来大家的吐槽。特别是镜头穿帮，虽然镜头穿帮在传统视频行业是一个很低级的错误，但是运用在短视频中很容易成为吐槽热点。

4. 标题、内容避免敏感词汇

之前我们讲到某些短视频因为涉及低俗、敏感内容而陷入了“整改风波”，相关短视频账号也被封禁。由此可见，要想辛辛苦苦制作的内容存活下来，首先要避免那些敏感词汇。无论是短视频的标题还是内容，都要积极健康。

具体的做法是，在策划短视频时多关注平台的动态，多看看平台官方所发布的一些通知。如果不确定是否属于敏感词汇，可以在平台搜索一下，如果带这些词汇的内容播放量很低或者干脆没有，就要避免使用。例如，梨视频短视频上传规范。

（1）反对宪法确定的基本原则的。

（2）危害国家统一、主权和领土完整的。

（3）泄露国家秘密、危害国家安全或者损害国家荣誉和利益的。

（4）煽动民族仇恨、民族歧视，破坏民族团结，或者侵害民族风俗、习惯的。

（5）宣扬邪教、迷信的。

（6）扰乱社会秩序，破坏社会稳定的。

（7）诱导未成年人违法犯罪和渲染暴力、色情、赌博、恐怖活动的。

（8）侮辱或者诽谤他人，侵害公民个人隐私等他人合法权益的。

（9）危害社会公德，损害民族优秀文化传统的。

（10）有关法律、行政法规和国家规定禁止的其他内容。

其实热点词汇有很多，为什么非要找那些敏感词汇呢？比如“奇葩”这个词，不管是在哪个平台都能搜索到相关内容，而且有的平台搜索量奇高。这个词很奇妙，它基本不会被限定，也不是敏感词汇，而且能套在各种内容上。所以，这类词语往往可以生出很多具有创意的内容。

5. 蹭热点需谨慎

无论是做公众号还是短视频，都要有追踪热点的能力。但是“明知山有虎，偏向虎山行”的做法是不可取的。虽然短视频正在风口，但是是否跟风热门题材要视情况而定。因为热门题材虽然受众较广，但是竞争也同样激烈。同一个主题的短视频被太多的制作者选取，给短视频制作带来了难度。而且热门题材有时效性，如果你的制作周期太长，很可能会错过热门风潮，这样就会导致短视频推广困难。另外蹭热点时也可能带来官司或法律纠纷，尤其娱乐类视频在各个平台都比较敏感，再就是涉及政治、时事类的内容一直都是敏感话题，能避开就避开。

> **“短”知识**
>
> 关注时令、节假日或特殊活动，提前准备方案，做好蹭热点准备。比如小雪时令，可以制作一些养生类视频；双11活动、双12活动与圣诞节都可以做相关视频。

不同类选题的策划策略

短视频内容越来越多，栏目也越来越多。如何寻找好的选题成了策划者首先要关心的问题。目前短视频行业各类选题层出不穷，时尚类、美食类、猎奇类、旅行类等各类选题不胜枚举。这里我们只列举那些受众群体比较广泛，且新手做起来比较容易的选题。

1. 幽默喜剧类

幽默喜剧类的受众比较广，娱乐搞笑的内容能够引起大多数观众的兴趣。只要不涉及敏感的内容，就将拥有众多移动端、PC端的观众。其中很火的一个门类是“吐槽”段子类。

“吐槽”类短视频是非常受观众喜欢的一种形式，此类视频一般针对当前热点问题来进行“吐槽”，其语言风格犀利、幽默，对很多问题一针见血，深得广大用户喜欢。但是作为内容创作者，虽然是“吐槽”，也一定要坚持正能量，更不能触犯国家法律。

除此之外，“吐槽”的点要狠、准、深。所谓“狠”，就是要对他人的话语或是某个事件中的薄弱点进行言语上比较犀利的“吐槽”。这里要注意把控好吐槽的尺度：一方面不能太客气，以免吐槽不痛不痒没有效果；另一方面不能一味说狠话，且不能失去幽默感。所谓“准”，就是要抓准被“吐槽”的人或事的根本特点，避免对一些无关痛痒的内容进行吐槽。所谓“深”，是指“吐槽”不仅仅要为用户带去欢乐，还要揭示较为深刻的道理。这样“吐槽”类短视频才能走得更远。

2. 生活技巧类

生活技巧类和幽默喜剧类一样有着不小的受众，短短几分钟就能学会一个可以使生活变得便捷的小窍门是广大用户所乐见的。生活技巧类短视频的基本诉求是“实用”，在策划这类短视频时要注意以下几点，如图3-7。

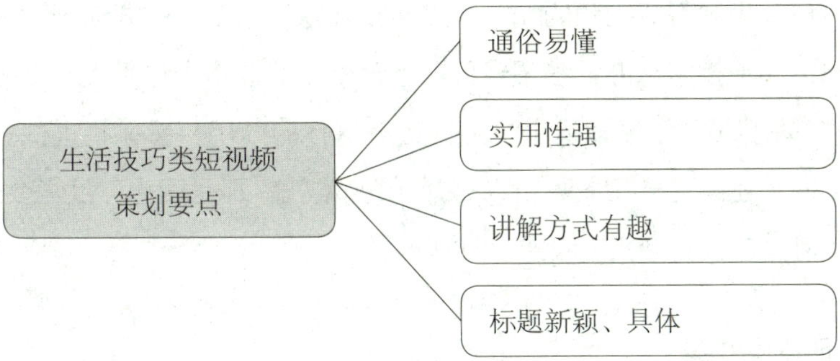

图3-7　生活技巧类短视频策划要点

（1）通俗易懂

这类短视频具有一个特点，即将困难的事变简单。比如一些软件使用这类短视频，其目的是教新手用户使用软件。短视频内容一定要通俗易懂，具体体现在用词通俗和步骤详细上。甚至在一些关键的地方要放慢节奏。

> **“短”知识**
>
> 如果生活技巧类短视频想要打造出系列IP，就要注意短视频风格的统一，同时在制作过程中加入团队的LOGO，形成团队的风格。

（2）实用性强

生活技巧类短视频的取材一定要贴近生活，并且能为用户带来生活上的便利。如果用户在观看完之后并没有起到什么作用，那么这样的作品无疑是失败的。所以在制作短视频前，一定要收集、整理、分析数据，看看目标用户在生活上有怎样的困难，然后针对性地制作短视频以帮助解决问题。此类短视频的实用性是非常重要的。

（3）讲解方式有趣

一般来说，生活技巧类短视频比较枯燥，为了能更好地吸引用户的兴趣，在讲解方式上可以采用夸张的手法表现操作失误所带来的后果。

（4）标题新颖、具体

短视频标题的选取十分重要，一个好的标题往往能快速吸引用户的注意，从而使用户产生观看短视频的欲望。因此在标题选取上一定要新颖、具体，比如“戒指卡住手指怎么办？一招轻松取下”就比“戒指卡住手指取下的方法”好很多；“活了20多年才知道手机插头还有这样的妙用，看完我也试一试”就比“手机插头还能这样用”吸引人；“胶带头难找？那是因为你没学会这3招”就比“如何快速找胶带头”新颖、具体很多。

3. 时尚美妆类

时尚美妆类短视频一直在女性用户中火爆，甚至也受到部分男性用户的青睐。这些用户选择观看该类短视频就是为了从中学习一些技巧来让自己变美，所以在策划这类短视频时不要有实用的技巧，还要紧跟时尚潮流。

因为每个人对时尚的理解不同，而且时尚领域很复杂，所以在制作短视频之前一定要进行大量的前期调研。比如当季流行类短视频要对服装饰品的流行元素和常见的品牌有一定的了解。而对于个人穿搭类短视频就会简单很多，只要将自己的穿搭经验分享给用户即可。

除此之外，美妆类短视频也深受广大用户的青睐。一般来说，美妆类短视频可以分为三种：技巧类、测评类和仿妆类。

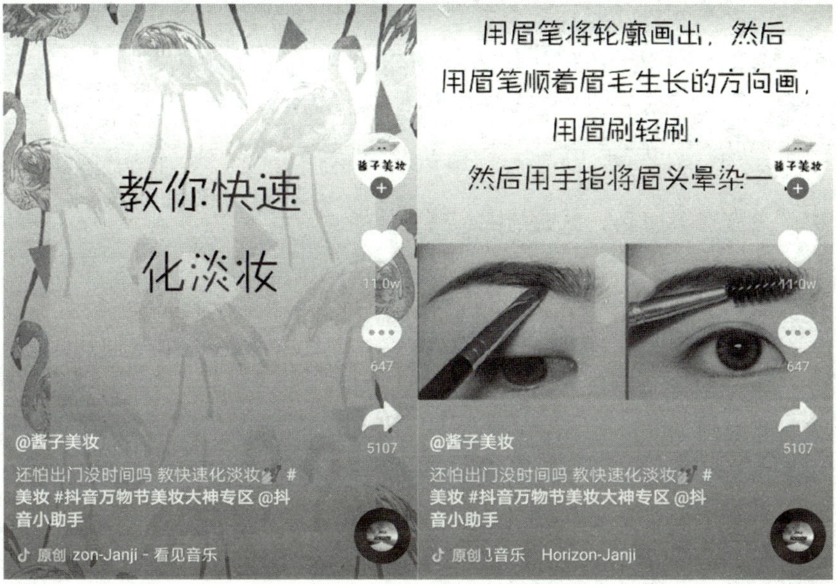

图3-8　技巧类美妆短视频

其中技巧类的美妆视频最受化妆初学者或是想要提高自己化妆技巧的用户的欢迎，如图3-8。这类短视频在内容制作上要着重展示每一步化妆技巧，以便用户能轻松学习；评测类美妆短视频往往由制作者对同类美妆产品进行试用和评测，给予对美妆产品了解较少的或是在商品上犹豫不决的用户一些建议；仿妆类短视频：往往是具备了一定化妆技巧后按照明星的样子进行化妆，然后制作短视频，给人一种震撼的感觉。这类短视频会吸引不少明星“粉丝”，这些“粉丝”会转化为潜在用户，为短视频运营带来便利。

4. 科技数码类

虽然科技数码类的女性受众相对较少，但仍不失为一类优质选题。首先，数码产品极快地更新迭代能为短视频创作带来源源不断的创作素材和新鲜内容。其次，随着手机等个人数码设备的普及，人们对科技数码产品的兴趣也在逐渐增大。这意味着这类短视频会有比较好的市场，而且能持续吸引目标用户群体。

在策划这类短视频时，首要得到第一手的信息，然后进行处理、加工，并传递给接收端的受众。不仅如此，在内容策划上还要给用户一个可以参考、比较的东西。比如在介绍新发布的手机的时候，如果仅仅介绍手机的整体外观、性能、工艺等如何优秀，就很难让用户有一个明确的概念。而如果把手机和其他同类产品做一个比较，就会清晰很多。

5. 美食类

美食类在中国受欢迎似乎并不需要什么特别的理由，几千年的美食文化注定了美食类选题一定大有可为，并且能够在长时间内持续产出优质内容，毕竟几千年的积淀，总会有好的题材可以挖掘。

“民以食为天”，美食类选题的受众群体是非常大的。一般来说，美食类短视频分为以下四类，如图3-9。

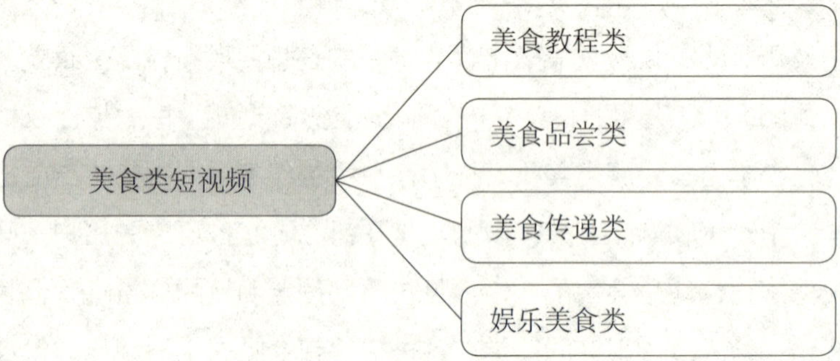

图3-9　美食类短视频分类

（1）美食教程类

美食教程，简单来说就是教用户一些做饭的技巧。日日煮是一个典型的美食教程视频的短视频节目，观众通过短短几分钟的时间就可以收获一道美食的制作方法，如图3-10。虽然是做饭，但是日日煮的视频更为精致，每一个镜头、每一段文字及配乐都恰到好处，很容易勾起观众的食欲。而且每期节目的菜品都会通过用户建议反馈、时令以及实时热点来确定。

图3-10 日日煮烹饪短片：韩式炆牛腩

（2）美食品尝类

与美食教程类视频截然不同，美食品尝类短视频的内容更简单直接，观众对美食的评价主要来自于视频中人物的表情动作及人物对美食味道的感受。品尝美食通常有以下两种类型：一是美食品尝、测评，这类内容像是一个美食指南，帮助观众发现、甄别、选择食物；二是吃秀，即通过比较直接、夸张的肢体动作、表情进行吃饭的表演，给用户打造出一个模拟的真实感或猎奇感。

（3）美食传递类

现代人生活节奏快，每天都要面对来自各方面的压力。通过在某种情境中制作美食来传达出一种生活状态成了美食类节目的一个爆点。在日食记的视频中，不管是温柔娴熟的制作手法，还是温馨浪漫的室内环境，都是经过精心策划的。这时的美食不单单是一道菜品，而是忙碌的都市人追求的一种生活状态。

（4）娱乐美食类

短视频内容对大众来说主要是空闲时间的消耗品，所以搞笑、娱乐类的内容很容易吸引用户。美食类也不例外，有很多创作者都是将美食类的内容以搞笑的方式进行表现的。对观众来说，搞笑＋美食的内容，增加了内容的娱乐性、趣味性，更容易获取用户，而且用户群也相对更广泛。

垂直深耕细分领域是最优打法

随手打开某一款短视频APP，里面泛娱乐的内容有很多，我们在观看时也会选择一些流传度较广或是比较火的短视频。但是你发现了吗？当你每天都被这类短视频冲击的时候，却很难记住它们。而那些具备垂直度、有深度的短视频内容则会在你的脑海里留下印象。这里的深度并不是说短视频的内容多么深刻，而是指在某个领域上的深入挖掘。

为什么流于表面的短视频不容易让人记住呢？这是因为这类短视频制作水平较低，任何掌握相关技术的制作者都能够完成，这就使得这类短视频缺少一种稀缺性，很容易被其他短视频取代，自然也就不会形成稳固的用户群体。而如果向垂直细分领域深耕，则能形成自己的特色，形成一种稀缺性。当然，短视频垂直深耕的作用不止这一点，下面我们来分析这种打法的作用及具体操作方法。

1. 垂直深耕的作用

从短视频发展局势来看，向垂直细分领域发展是一种必然选择。垂直深耕打法有以下三大作用，如图3-11。

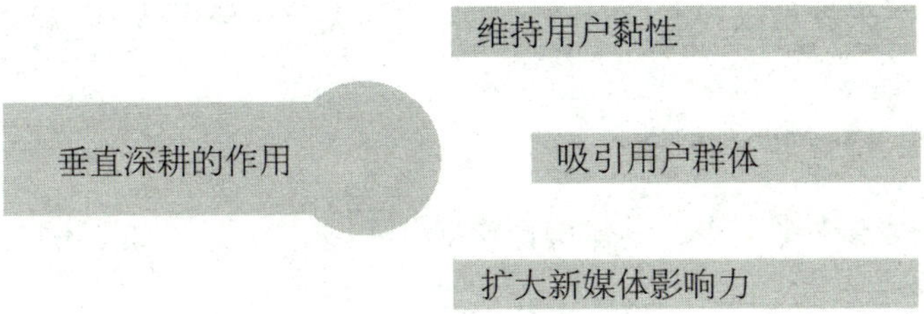

图3-11　垂直深耕的作用

（1）维持用户黏性

有用户才有流量变现的可能，而维持用户的黏性是一件比较困难的事。尤其是对那些刚加入短视频行业的内容创作者来说，很多用户的关注只是一时兴起，一旦用户感觉到无聊了，就会随时取消关注。而对内容进行垂直深耕则能避免这种问题。因为垂直深耕的内容大都是在某一领域经过长时间打磨的，而且制作精良，能够有效避免用户产生视觉疲劳。这样便能持续不断地吸引用户，维持用户的黏性。

（2）吸引用户群体

画面感和话题是垂直细分领域吸引用户的两大主要因素，其中画面感能够为用户带来视觉上的享受，而话题则是形成互动的基础。而且短视频的主要用户群体——年轻人对同龄人的想法和好恶存在普遍的好奇心，短视频越细分，话题就越能满足他们的好奇心。不管是画面感还是细分的话题，都必须通过垂直细分领域来实现。

> **“短”知识**
>
> 垂直细分领域可以简单地理解为分类定位，比如情感类、汽车类、健康类、体育类。不过这些细分之后的领域还可以进一步分类，比如健康可分为皮肤健康、男性健康、女性健康等。

（3）扩大新媒体影响力

在短视频新媒体领域，垂直深耕的内容很容易使话题发酵，这些话题不仅会成为用户群体中的谈资，还会成为同行甚至是电视、报纸等传统媒体关注的对象。这样一来就可以提高自身曝光率，继而扩大在新媒体领域的影响力。

2. 垂直深耕的两种打法

垂直深耕有许多优点，具体操作包括以下两个方面，如图3-12。

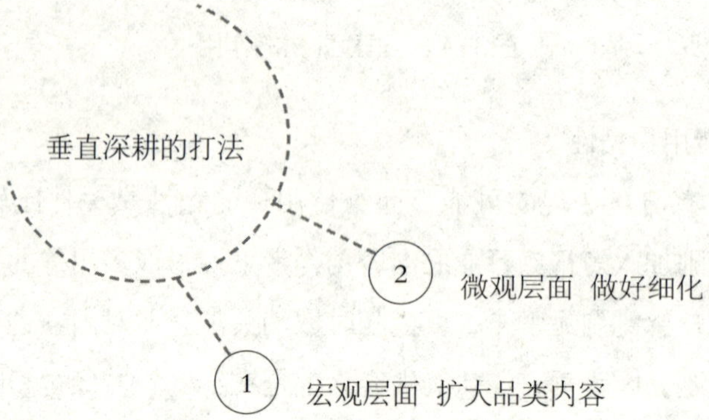

图3-12 垂直深耕的打法

（1）宏观层面扩大内容品类

流于表面的短视频虽然也能轻松地获取流量，但毕竟流量是有限的，再加上诸多竞争者的瓜分，能分得的流量就会更少。在这种情况下，扩大内容品类就成了必然的选择。

比如今日头条就采用了这样的策略。当我们进入今日头条页面或是APP首页后，会发现它上面的内容有很多，新闻资讯、娱乐、科技、财经、直播、军事、搞笑等方面的内容充分满足了用户的不同需求。

（2）微观层面做好细化

为了让短视频的外在呈现出更好的效果，就要对短视频进行两个方面的细化工作。其一是短视频的主人公或是主播，应该尽量选取那些具有识别度、演技在线的人才。其二是对短视频素材进行细化：对数量较多的素材，可以将这些素材进行整合，从而创作出一个丰满的故事；对数量较少但内容精彩的素材，可以将其进一步细化，比如有关科技数码的素材，创作者可以增加一些最新的数码资讯、数码行业行情及热门产品评测或报价方面的内容。

举个简单的例子，12dora多年关注“我的世界”这款游戏，并且通过制作短视频的方式向用户展示该游戏的种种细节。12dora对游戏素材的细化，即深度挖掘，是其获得成功的重要因素。

3. 短视频策划时的注意事项

短视频策划有两个作用：一个是将前期复杂零碎的准备工作规范化，且使具体的实施方案落实；另一个是使得短视频的内容最终呈现得更加完整、出彩，从而增加该内容在同类短视频中的竞争力。短视频策划是一项细致的工作，在策划过程中要注意以下三点。

（1）明确定位短视频主题

为了避免因定位错误而带来损失，在策划阶段一定要明确定位短视频主题。首先要进行市场研究，即对网络中受欢迎的短视频和其他短视频平台进行调查研究。然后统计数据，根据数据选出最优主题。其次，还要关注用户的需求，这就需要短视频创作者进行大量调研。

（2）短视频方案要具备可执行的条件

一个可以执行的策划方案才是有意义的，否则只能是纸上谈兵。一般来说，制订一个切实可行的短视频方案需要进行以下工作：①工作化整为零，即将整个工作流程分成一个个阶段，然后每个阶段再订一个小目标，具体的小目标往往更容易完成。②成员分工协调，即每位成员在什么时间内完成什么工作都要分配好。并且作为负责人，在安排任务的时候一定要向成员讲清楚要做的具体工作。而同级成员之间遇到问题的时候也要及时沟通。

> **“短”知识**
>
> 即使前期准备得很充分，但在制定短视频方案时还是会遇到各种各样的问题，这就需要策划者找到问题的关键点，然后针对关键点解决问题的方案。

（3）让用户快速进入内容的高潮

在碎片化阅读的时代，用户的注意力很容易被分散。虽然短视频的时长短，但是如果迟迟不出现精彩的内容，用户就会放弃观看。这样即使后续的内容再好也毫无意义。因此，怎样让用户快速进入内容的高潮部分是策划者应该考虑的问题。

对于剧情类短视频来说，在故事的开头最好制造一个小高潮，比如视频中的主人公泪流满面，正陷入艰难的抉择当中。这样用户就会形成疑问：是什么原因使得主人公面临这样的困境？主人公会做出哪种选择？这样用户就会带着这些疑问继续看下去。接着在后续的内容中可以用穿插闪回的方法来介绍故事的背景。当然，也可以用平铺直叙的方法，不过需要注意的是开篇的铺陈不要太多，尽量加快故事发展的节奏。另外，对于十几秒的短视频来说，把故事的转折点放在最后的结尾也是不错的做法，比如抖音上很多剧情类短视频都采用这种方法，再加上与此相对的背景音乐，往往能带来一种神反转。

对于非剧情类的短视频，也可以采用设置悬念的方法来引起用户的兴趣，或者一开始就介绍本期视频的目的，这样就能快速引起用户的兴趣。同样，非剧情类短视频也可以采用剧情反转的手法。

实战分享：《陈翔六点半》凭什么疯狂吸粉

《陈翔六点半》可谓当下炙手可热的短视频节目之一，在新榜单联合今日头条发布的头条视频影响力排行榜上多次占据榜首，可以称得上是短视频领域里的头部PGC。《陈翔六点半》单集时间长，故事都是普通小人物的囧事，演员也不是大咖，内容上与精致、唯美、高雅更是毫不沾边。可是自2014年在腾讯微视上线到现在，已经在42个平台上播放，全网每月累计播放量达10亿次，全网粉丝已经超过了7000万。那么《陈翔六点半》从白热化的短视频竞争中脱颖而出的奥秘有哪些呢？

一二线大城市的短视频市场渐渐趋于饱和，各互联网巨头纷纷转战中小城市及小城镇，以期获得新一波红利。而《陈翔六点半》的主创团队早在创业之初就确定了该系列短视频的定位——以幽默的方式反映普通生活中的酸甜苦辣。千篇一律的高大上、时尚早已让人审美疲劳，反而平凡人生活中的种种囧事更让人津津乐道。《陈翔六点半》的主创团队正是抓住了这一点，才渐渐形成了该系列短视频的创作基调。

熟悉《陈翔六点半》的观众一定对视频里的加速变音很熟悉，因为这也是该系列短视频的风格之一。那么，为什么要采用这种风格呢？难道主创团队最初就知道用户喜欢这种风格？其实是因为刚开始进入短视频领域的时候，微视、秒拍等平台对上传的内容有时间限制，而单靠视频剪辑已经很难再压缩时长。于是《陈翔六点半》团队想出了把视频加速播放的办法，结果却发现这种风格让视频内容变得更卡通化，更受广大网友喜爱，于是就在之后的系列短视频中均采用了加速变音的手段。

一部短视频成为爆款可能是因为网红的带动，也可能是因为蹭上了某个热点。但是像《陈翔六点半》这种一直稳步上升、持续活跃用户的系列短视频最主要的成功因素是高品质的创作。《陈翔六点半》看似讲的是生活中的囧事，但是不低俗。而且故事内容新奇、有趣，几乎每集都至少有一个笑点。另外，故事的核心思想是传递正能量，这也是《陈翔六点半》走得远的原因。

面对琳琅满目的内容发布平台，许多创作者都会选择多平台运营。这本身没什么问题，但是如果无重点地运营，就只会浪费时间和精力。因为每个平台在传播特性、用户类型等方面都有较大不同，胡乱投放，是不能准确到达目标用户群体的。《陈翔六点半》的做法很聪明，虽然投放的平台比较多，但重点运营的平台是今日头条。这是因为《陈翔六点半》内容大众化，很适合今日头条这样的平台。

可以说，《陈翔六点半》已经站到了短视频之巅。而作为《陈翔六点半》系列短视频的导演陈翔，当然不会止步于此。就像当年的爆款《万万没想到》一样，《陈翔六点半》在获得了一定的影响力之后开始沿着短视频——网络电影—院线电影的方向进行扩张发展。2017年4月21日，由陈翔执导的首部网络大电影《陈翔六点半之废话少说》上线，影片延续了《陈翔六点半》轻松活泼的风格，同时还加入了爱情、奇幻、争斗等元素，获得了广大年轻用户的好评。

第四章
内容为王：匹配优质内容是制胜关键

处在风口上的短视频可谓百花齐放、百家争鸣，对内容生产者来说，到底应该生产什么样的内容呢？答案是优质内容。在内容高度同质化、低俗化等问题的影响下，谁拥有优质内容，谁就拥有市场。

UGC和PGC究竟是什么

先来看两个时间点的重大事件：

2015年，YouTube上线。在成立后的短短15个月，YouTube就超越了诸多竞争对手，成了浏览人数最多的网站。看到YouTube爆红，当时中国的互联网巨头坐不住了。土豆、优酷、酷6网、56视频纷纷打出了做UGC短视频的口号，想要成为中国版的YouTube。

2009年，视频网站排头兵优酷网首创国内视频网站“自制剧”的先例。有领头者就有拥护者，其他视频网站也开始加入这一行列，PGC开始萌芽。

短视频的内容布置离不开两个概念：UGC和PGC。那么，UGC和PGC究竟是什么？

1. 用户生产内容的UGC

UGC（User-Generated Content），指的是用户生产内容。在UGC平台，任何人都可以上传相关的图文和视频内容，所以你看到的朋友圈的文章、小视频，以及快手、秒拍、抖音等短视频中的各色短视频大都属于UGC。

UGC天生就有交互性强的特点，它承载的内容更加人格化，更能表达分享者的个性和心情。短视频的创作者既是主人公又是观众，而且通过和其他用户的互动，很容易让用户产生很强的黏性，如图4-1快手APP的UGC内容。

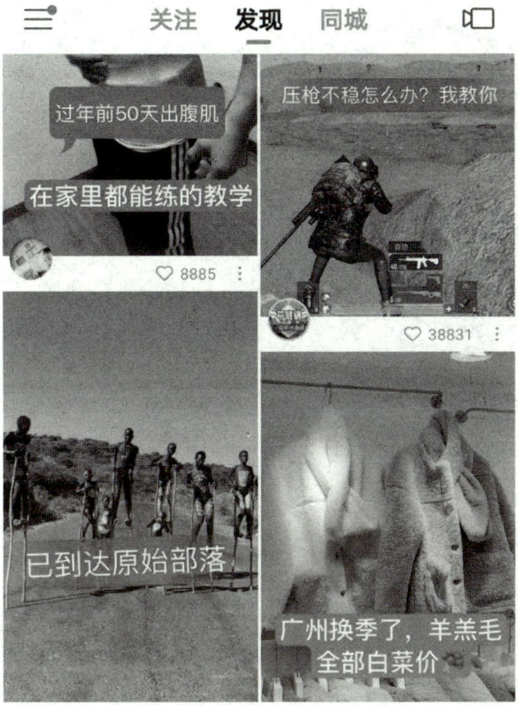

图4-1　快手APP中的UGC内容

由于短视频制作简单，用户不需要经过专门的训练就可以上手，所以短视频拥有着大量的UGC来源。一般用户可以借助短视频分享自己的生活方式；网红们通过分享视频、与粉丝互动来积累粉丝或是推销商品；自媒体采用短视频引起用户的关注；传统视频平台借助短视频来持续活跃用户；企业通过在短视频中植入广告、开启短视频通道等方式来宣传产品或增加品牌的曝光度。

"短"知识

UGC的概念最早起源于互联网领域，伴随着以提倡个性化为主要特点的Web2.0概念而兴起。优酷土豆是最早开始大力发展UGC模式的视频平台之一。

2. 专业生产内容的PGC

PGC（Professional-GeneratedContent），指的是专业生产内容，即由专业个人或团队有针对性输出的较为权威、制作精良的内容，如电视节目、报纸刊物、媒体资讯等。

> **“短”知识**
>
> 与UGC不同的是，优质的PGC一旦被用户认可，就可以深挖打造IP，或是通过软硬广告的植入来实现流量变现。

UGC和PGC最大的区别就是前者是个体化的生产，而后者主要由团队来打理、制作，PGC一般要比UGC产品更加精致，制作效率也高。当然，这并不是说UGC的内容一定不如PGC，一些具有专业知识背景和技能的网络用户也能制作出相对专业、精良的短视频，但是它仍然属于UGC。

PGC的产生和UGC有着千丝万缕的联系，可以说正是由于UGC的长时间沉淀才有了PGC短视频内容的萌发。相对于UGC，PGC的专业性更强，其内容和品质也更有保证。优酷土豆很早就开始发力于PGC，以《罗辑思维》《暴走漫画》《万万没想到》等为代表的PGC产品在酷频道均成了爆款内容。而自2016年以来，PGC进入了全面爆发时期，自媒体、网红、视频网站等均加入了PGC热潮。例如爆红的papi酱、二更视频就采用了PGC模式。

内容主题要有个性、趣味性和新鲜感

“颜值”的重要性在这个时代正在逐渐被个性和趣味所取代。在社交内容生产的平台上，谁拥有制作创意短视频的能力，谁就能在短视频内容红海中脱颖而出。

看鉴是向用户普及历史、文化、常识的知识类短视频产品。2018年5月，看鉴推出了以唐朝为题材的知识短视频系列——《超简中国史：世界性帝国——唐》，该系列短视频一上线便受到了观众和网友的广泛好评。为什么它比传统的历史纪录片火呢？原来该系列短视频不仅保持了传统历史纪录片的严谨和体系感，而且更重要的是内容创作中融入了年轻人的兴趣，比如内容中讲到了唐朝的美妆、美食以及惬意的文艺生活。而且整个系列内容采用灵动的表达方式，不仅不会枯燥，而且颇有趣味，因此收获了一大批忠实粉丝。

知识类短视频都在挖掘短视频内容的趣味性，更别说其他类短视频了。现在短视频的主要群体以年轻人为主，有趣的灵魂是这类群体中流行的标签。做短视频也是一样，在传递价值的同时还要让短视频的内容变得独特、有趣。

1．创意是短视频的核心

短视频最核心的因素是创意，比如比较火的《办公室小姐》。现在市面上的短视频内容主要分为两类。一类是PGC生产的短视频，依靠创意打造出内容

IP。例如火遍大江南北的《万万没想到》系列。另一类是UGC作品，这类作品的创作者为普通的互联网用户。这些创作者在进行内容创作时也会充分考虑到短视频的创意，因为现在看网络短视频的年轻人比较多，他们对创意比较感兴趣，枯燥无聊的内容很难引起广泛的传播。

2. 内容创作兼具个性和趣味性

短视频的出现为内容创作提供了一个比较低的门槛，于是很多短视频内容创作者都想搭上这股潮流获得红利，结果就造成了内容泛滥。面对这样的内容红海，只有带有个性和趣味性的优质内容才能赢得用户的心。

比如“深夜谈吃”是一个专门研究美食的视频公众号。现在做美食的短视频数不胜数，如何才能在竞争中突出重围呢？“深夜谈吃”将美食与文化结合，每天晚上10点准时推送，做出了属于自己的个性和特色，如图4-2。

图4-2 “深夜谈吃”某期节目视频截图

再比如papi酱的吐槽虽然犀利，但是往往有一些好笑有趣的吐槽点，再配上papi酱充满趣味性的声音和表演，能给观众留下深刻的印象。

3. 保证短视频内容的新鲜感

做短视频就像烹饪菜肴一样，如果总是采用相同的做法做同一道菜，即使是做得再精美，也会有吃腻的时候。因此，为了让短视频内容传递的信息更具有时效性和新鲜感，就一定要保证及时更新，并且要做到让人眼前一亮的感觉。如何才能做到呢？

> **“短”知识**
>
> 短视频的内容一定要及时更新，而且内容一定不要重复。在这方面“一条”就做得不错，基本上能保障每天至少推送一条短视频。

这就需要策划者及时搜集选题信息并进行筛选，然后提炼相关短视频内容。如果发现有热点可蹭也是极好的。或者新瓶装旧酒，将手中已有的内容和资源进行包装，从而给人不一样的感觉。

图文包装更能赢得用户青睐

俗话说“人靠衣装马靠鞍”，如果把短视频的内容比作人，那视频包装就是衣服。只有通过“衣服”装扮的内容才会更加赏心悦目。因此，在短视频的内容生产方面，我们不仅要持续不断地输出优质内容，而且还要做好图文包装，从而美化短视频内容，增受众观看节目的欲望。

为了保证视频整体效果的统一，我们在对短视频内容进行图文包装时需要做到合理规范。一般来说，短视频的包装版块包括短视频LOGO、片头、内容和片尾。对不同的版块要采取不同的包装方法。

1. 包装版块之短视频LOGO

短视频LOGO一般包含名称和主体图形，首先来看短视频的名称：短视频的名称一定要与内容紧密结合。比如罐头视频，我们看到罐头视频上的英文标识是CAN VIDEO，意思是无所不能的视频。再想一下罐头的名字，我们联想到打开罐头时会用到很多方法，但总有一种是最简单的。而罐头视频爱奇艺号的标语正是“3分钟有趣

> **“短”知识**
>
> 超级符号是易于理解又与生活紧密结合的非抽象符号，它们本身具有一定的意义，可指示人们做出一些行动，比如红绿灯。

有用短视频，教你get生活黑科技”，如图4-3。

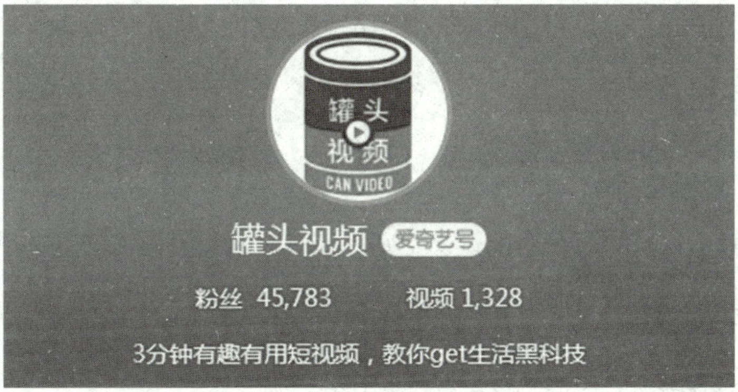

图4-3　罐头视频爱奇艺号

其次，我们再来看短视频图形符号的设计。通常的做法是在LOGO中加入超级符号。比如橘子娱乐的LOGO是一个戴着墨镜的橘子的形象，如图4-4。给人以明亮、积极的感觉。每当人们看到橘子时就会想到橘子娱乐。

图4-4　橘子娱乐LOGO

除此之外，在制作短视频LOGO时还要注意以下两点。

（1）色彩搭配

具体选择什么色彩，要根据短视频的内容来定，比如，崇尚简约、注重生活品质的“一条”就没有选择太多花里胡哨的颜色，而是直接运用白底黑字的纯色系。而给人明亮、积极向上感觉的橘子娱乐就采用了橘子本身的橙色来表现快乐的主题。

（2）风格简洁

短视频的LOGO切记不能过于花哨，应该尽量保持简洁的设计风格，这样会给人一种轻松的观看体验，也更容易让用户记住。

2. 包装版块之片头

好的片头是好内容的开端，那么，什么样的片头才是好片头呢？好片头的基本要求是与节目包装的风格相协调，与节目分类、定位的风格相呼应。比如，母婴类短视频的片头要体现爱和温馨，搞笑吐槽类的片头可以采取鬼畜风，时尚类短视频要给人一种时尚感、前卫感等。

短视频相比于长视频来说，不只是时间短，更重要的是为用户带来更多干货、有趣的内容。因此，片头可以选择用快节奏的画面切换，而且有些用户群体对快节奏的内容更加喜爱，如图4-5。

图4-5 《陈翔六点半》部分片头

片头最简单的功能是对LOGO的强化，因此最简单的方法就是根据LOGO做一个简单的Flash动画。而在时间把控方面，一般不超过5秒，因为短视频本身时长就短，如果片头太长，不仅会给人头重脚轻的感觉，而且还很容易让观众走神。

3. 短视频版块之内容

包装完片头之后就该对短视频内容进行包装了，包装的目的是让整个短视频更加美观和具有吸引力。要想在内容包装上形成自己独特的风格，就要注重色彩的搭配。比如，魔力TV下的造物集就使用了明亮、日式小清新风格，不管是画面色调还是画面中的内容都给人一种素雅、安静的感觉。而且造物集的每一期节目中都沿用了这种风格，不仅形成了自己独特的标签，还提高了栏目的辨识度，加深了观众的印象，如图4-6。

> **“短”知识**
>
> 视频色彩的搭配需要根据短视频内容来确定包装的配色。比如，吐槽娱乐类短视频多搭配明亮轻松的色调，生活类短视频多用温馨的色调，科技数码类短视频多搭配简约干练的色调等。

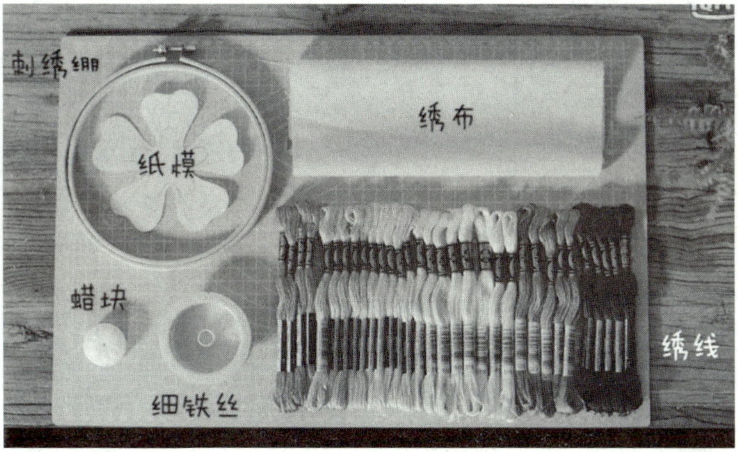

图4-6　造物集某期节目视频截图

4. 包装版块之片尾

片尾最基本的要求是短，不抢内容的风头。通常来说，片尾加Flash动画，与片头形成呼应。不过要注意的是，要想让人感到舒适，就不要放太多的信息，不可过于凌乱。要重点表现的部分可以采用强调色系，用来快速抓住观众的眼球并加深印象。如果想要提升节目的完播率，还可以在观众可接受的程度内加一些互动或是导流点。特别是大家比较喜欢的抽奖环节，通过抽奖来提高互动。一般有两种做法，一种是在片头发布抽奖信息，片尾公布中奖名单；另一种则相反。而对于导流点，如果在其他平台上也有该短视频的相关内容，则可以把这些平台的图标放到片尾，比如微信、微博、bilibili等。

所谓优质内容其实就是要会讲故事

“这是最好的时代，也是最坏的时代”，新媒体时代虽然能够让短视频创作者迅速地连接消费者，但是却难以在信息过剩、传播过度、注意力稀缺的环境里博得眼球，而故事则是摆脱这种困境的最有效路径。

就像孩子们相信圣诞老人一样，在短视频中融入故事，人们便会选择相信故事。而且一个生动有趣的故事更容易让用户与短视频创作者或是所属品牌建立起情感联系。那么，作为短视频创作者究竟该怎么讲好故事呢？

1．讲好故事的基本要点

讲故事就像写作文一样要有基本的框架和要点，比如，作文的开头要能吸引人的眼球，中间的叙事要清晰有条理，最后的结尾来一个点睛之笔，将故事升华。短视频讲故事也可以采用类似的套路，当然，这只是讲短视频故事的一种框架。

在讲故事方面，做得最好的莫过于二更了。二更围绕讲好故事的主题形成了一套自己的讲故事的方法论。二更凭借多年对人物微记录和故事演绎的经验的积累，在微信、微博和各大视频平台上讲述了一个个“有温度、有情怀”的故事。二更出品的《跑者的梦想》就是这样一部作品。下面我们根据这部作品来分析用短视频讲好故事的基本要点。

（1）故事内容要清晰

“想要讲述怎样的故事，故事想表达什么？”这是作为短视频创作者首先要思考的问题。比如，我们拍摄不同寻常的人生经历，是为了人们在日常琐碎的生活中感受到生活的本质和希望；我们讲成功人的故事，是为了鼓励人们探索人生的可能与自我潜能；我们记录他人的励志与执着，是为了鼓励人们追寻梦想；等等。总之，在讲述故事之前一定要清楚你的故事是怎样的，以及想要表达什么，就像《跑者的梦想》一样，它就是讲述了一个跑者的故事，以此来激励更多拥有梦想的人去追逐自己的梦想。

（2）注意叙事逻辑

讲故事最忌逻辑混乱，让观众一头雾水。所以，叙事逻辑是讲好故事最基本的要点。

《跑者的梦想》中的叙事逻辑简单而清晰：主人公因偶然到拉萨的一次旅行使得他来到了拉萨，为了能在这片土地上生存下去，他开始在拉萨卖凉皮、开客栈。与此同时，他的生活也开始慢下来，慢下来就能让他更多地感受到生活的细节，就能自由地去做自己喜欢的事，于是主人公爱上了跑步。随着不断挑战自己、超越自己，主人公成了一位心灵与大自然的爱好者。

> **“短”知识**
>
> 短视频制作新手在拿到文案后不知道怎么拍，或者是拍了后期却不知道如何处理，原本想好的叙述故事逻辑在二次创作时也行不通。其实这是制作经验缺乏导致的，只要多练习，慢慢就能积累经验、找到感觉。

这给我们的启示是短视频故事的逻辑线必须清晰，即先拍什么，再拍什么，最后拍什么，前面讲的和后面的内容有什么联系，能不能反映主题等。

（3）精彩的文本表达

词语和句子是故事性短视频不可缺少的重要因素，文本在塑造人物和故事上发挥着重要作用。例如《跑者的梦想》开篇的文本表达：奔跑是一种本能，当我在奔跑的时候，身体会激发出一种愉悦感，这种感觉就像一个小孩子回到了母亲的怀抱。而中间的部分是这样表述的：每个人都有自己的生活方式，这是我选择的生活方式，我觉得只有当生活慢下来的时候，才能看到身边发生了什么。在最后的结尾进行内容升华：凡是把一件事做成功，都是从不可能到可能，这样一个过渡的过程，你只有站在一个不可能的地方，把事儿干成了，才会走向可能之境。

以上句子朴实无华，给观众很强的代入感。同时短视频中所要表达的生活理念和价值观也借着这些句子深入人心。

2. 把节日和故事联系起来

中国的传统节日有很多，如屈原与端午、牛郎织女与七夕、嫦娥奔月与中秋等。而随着信息时代的发展，也诞生出了一系列节日，如“520”网络情人节、“双11”等，加上情人节、圣诞节等流行的西方节日，蹭节日热点便成了短视频内容创作的重要思路之一。学会在节日期间讲故事不仅是加分项，还是短视频创作者必不可少的标配技能。讲好节日故事可以从以下两个方面做起，如图4-7。

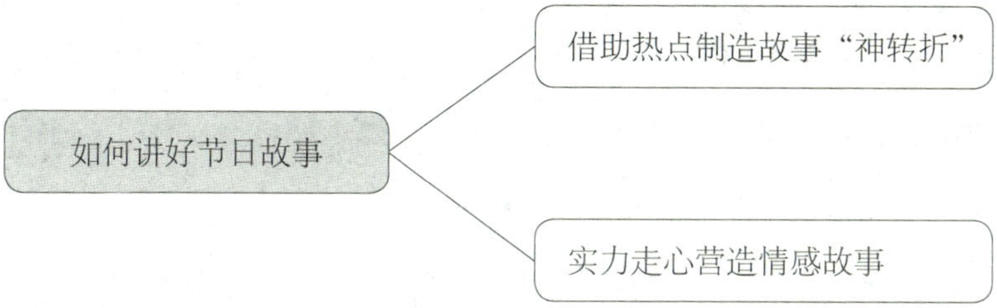

图4-7 如何讲好节日故事

（1）借助热点制造故事“神转折”

在2017年“520”期间，途虎养车、德国马牌轮胎联手二更制作了《让我们滚在一起》的爱情故事，故事不仅借助了“520”表白的槽点，而且内容各种神转折，微博一经发布就引起了网友的热议。例如，其中有一个场景是两位拳手在擂台上对打，旁边的举牌小姐和教练在大喊着加油。镜头切换，一位拳手被打倒在地，举牌小姐和教练一脸惊愕。突然整个屏幕变成了请选择谁和谁滚在一起，下面是三个选项，第一个是举牌小姐，第二个是拳手，第三个是教练。然后便是举牌小姐和拳手之间的一段甜蜜舞蹈：虽然无声，但感谢你一直都在，陪伴是你心底的告白。最后弹出品牌广告，如图4-8。

图4-8 《让我们滚在一起》视频截图

（2）实力走心营造情感故事

一个成功的故事能让用户产生情感共鸣。要想达到这一点，所讲的内容就要走心。例如，父亲节期间，二更与奥克斯空调合作的短视频《奥克斯空调·你的一辈子》就讲述了一个温情的故事：曾经不懂事的女儿踢坏了父亲的电扇，如今女儿用空调作为回馈，礼物虽然简单，却感情至深。

实战分享：二更用优质内容定义短视频价值

先来看几组大数据：

第一组：2016年3月，二更完成A轮融资，融资金额超过5000万元；

第二组：2017年1月，二更完成B轮融资，融资金额达到1.5亿元；

第三组：2018年4月，二更正式对外宣布完成B3轮融资，融资金额达1.2亿元。

在短视频行业竞争日趋激烈的大环境下，二更为何能频频获得融资？一个很简单的原因是，二更是一家以内容为上的公司。自公司成立以来，二更一直坚持正能量的内容创作。视频内容涉及人文、艺术、潮流、生活、时尚等各个层面，表现出各行业的生活方式、生活情趣和生活理念。到目前为止，二更旗下拥有“文化”“娱乐”“生活”“财经”四大版块，已建立起包括“二更”“二更食堂”“更城市”“更财经”“娱乐Fun”“mol摩尔时尚”“Fun音馆”等多个内容品牌。二更每月出品250多部原创短视频，原创作品总数超过2800部，拥有超过4000万的粉丝，视频播放总量超200亿次，日播放量达6000万次，影视作品更是频频获奖。

二更的优质内容来源于强大的人才库，二更自2016年开始搭建“影视创作人生态平台”，便形成了大体量的人才库和作品库，为二更优质作品的创作提供了保障。其中二更教育作为重要模块，于2017年4月启动了二更学院，不仅为二更培养优质人才，还在就业、商业项目、影视项目的孵化等方面为优质人才的培养提供了长期支持。

不同于一般的创作团队，二更的创作团队不仅在北京、上海、广州、深圳等30多个国内城市扎根，而且在日本、美国等海外城市也拥有上百支优秀的PGC合作团队。

二更创作的内容与一般的短视频平台不同，它既不包含热门的搞笑元素，也不费劲脑力去蹭热点。虽然短视频的内容也是以人和事件为主，但是选取的对象都是人们日常生活中容易忽视的事物。例如，在二更的短视频中经常会看见一些看似不起眼的人物，如街边小店的店主、烤红薯的老人、在街头对局的棋手等。这些人中的每一个都有着自己独特的故事，而这些故事串联起来就是我们平凡而简单的生活。二更的做法其实是在为其他短视频创作者打开思路，即短视频的内容创意不一定要在拍摄手法和剧情编纂上多么创新，更多的是要学会发现独特的视角，从而记录别人发现不了的事物。

第五章
团队搭建：实现团队成员最佳配置

创业合伙人的兴起告诉我们，单打独斗已经渐渐适应不了新时代创业的需求，团队作战才是最佳打法。对短视频团队来说也不例外，只有打造一支战斗力强的团队，才能保证短视频的产出质量和效率。而且短视频团队可以看作是电影团队的精华部分，既需要编导这样的统筹领导，又需要摄像、剪辑、运营等重要组员。所以，如何实现团队成员的最佳配置是短视频从业者在建造团队时必须思考的问题。

你需要一支怎样的制作团队

在短视频行业不断向规范化、机构化发展的同时，用户对短视频的内容也越来越挑剔。而作为短视频创作者，为了赢得用户碎片化的时间，必须有持续产出优质内容的能力。这时拥有一支优秀的短视频创作团队就显得至关重要。就像《陈翔六点半》一样，正是因其创作团队持续的生命力，才保证了短视频内容的及时更新。那么对想要进入短视频领域的个人或团队来说，需要一支怎样的制作团队呢？

1. 基本的团队人员配置

短视频团队成员的数量和短视频的方向内容有关，不同的工作内容有不同的要求，这就要求负责该部分的成员有相应的技能水平，这样才能保证工作任务的顺利完成。一般来说，短视频团队成员要完成前期准备、内容策划、拍摄、剪辑、发布、变现与粉丝转化这几个工作流程，如图5-1。

当然，如果一个人就能把这些流程全都搞定，是最好不过的事，但是想要一个人同时具备这些技能本来就是一件难事，更何况巨大的工作量很可能把一个人压垮。而如果是三四人的团队则会简单很多，每个人负责一个流程。当然，这其中很多工作内容需要共同完成，比如视频风格的设定需要编导和剪辑师共同完成。

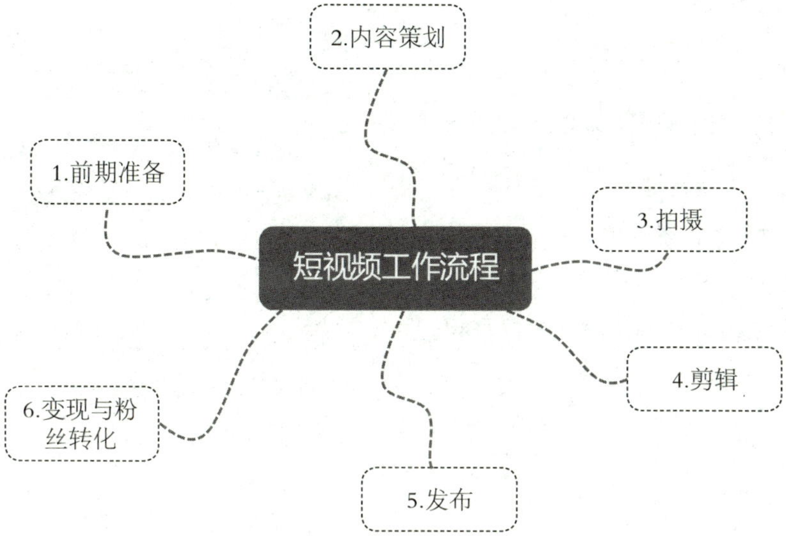

图5-1　短视频工作流程

2. 构建合理的团队人员比例

在搞清楚短视频团队人员构成之后，接下来要合理分配团队成员，如图5-2。合理的团队成员比例不仅能使团队运作有章可循，还能提高团队成员的工作效率，保持持续生产内容的能力。

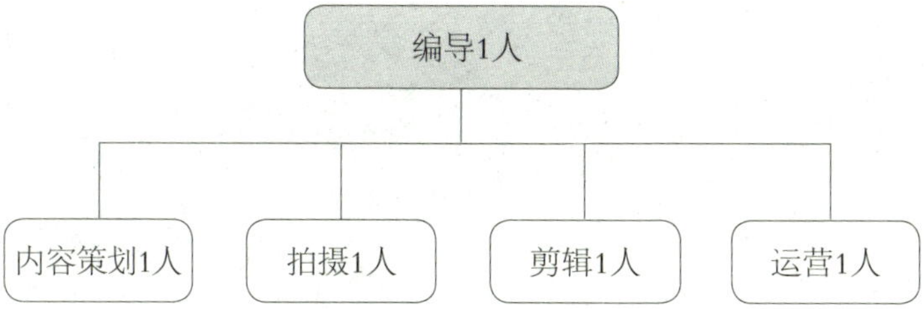

图5-2　短视频团队人员比例

首先，整个团队要有一个总领导，即编导。编导是短视频创作团队中的最高指挥官。然后其余人员要根据短视频的内容来进行安排。对一个标准的起步阶段的短视频团队来说，如果每周产出2～3个短视频作品，则需要4～5人，其中1人作为总领导，剩下的根据工作内容进行安排。当然，其中有能力的团队成员可以身兼数职，这样可以缩减预算。同样，如果对短视频的内容要求较高，则可以增加相应成员。

“短”知识

除了固定的团队成员外，某些短视频制作还需要司机、化妆、场记等流动性较大的人员，这些人员可以通过招募短期工的方式得到解决。当然，如果团队成员有相应的技能，则可以采用兼职的方式完成这部分工作。

编导是整个团队的灵魂

先来看一条某公司发布的关于短视频编导的招聘信息。

岗位职责：

1. 根据客户需求完成短视频脚本创作与短视频推广方案。

2. 负责组织协调内外部团队摄制执行工作，保持多方密切沟通，保障项目工作顺利完成。

3. 挖掘短视频选题，完成公司自有短视频内容的策划与开发（后期工作）。

4. 保持工作的创造性，根据作品运营数据与用户内容消费需求变化，持续进行短视频内容创新。

任职要求：

1. 3年以上工作经验，有网红、直播内容策划与拍摄经验者优先。

2. 视野开阔、思维活跃，对时下短视频内容趋向及流行元素有敏锐的感知和判断。

3. 有一定的团队管理能力，懂后期、摄影。

很多看过此招聘信息的网友表示编导简直无所不能，既要懂得短视频的策划、内容创作，又要懂后期、会摄影。其实编导的工作还不止这些，要想成为一名合格的编导，或者是招聘一名编导，必须要对编导应该具备的职责和能力有一个清晰的认知。

1. 编导要做的工作

短视频编导指的是在短视频行业中掌握视听语言等专业技术对其本职工作进行创作和编排的人。作为编导，需要做好以下三个方面的工作，如图5-3。

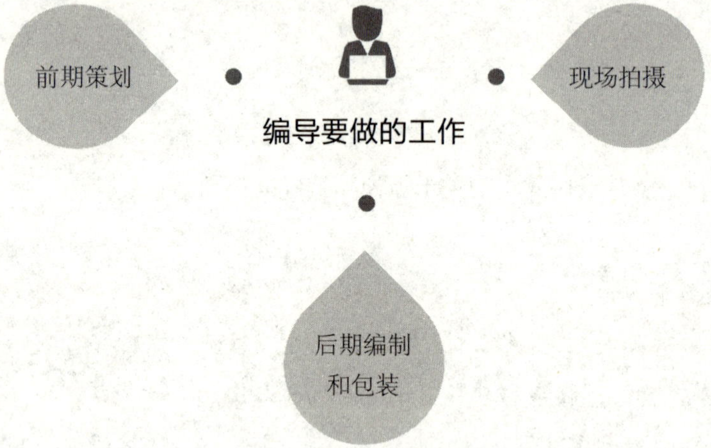

图5-3　编导的工作职责

（1）前期策划

短视频策划指的是根据短视频的特征确定短视频的风格以及创作内容的方向。这其中要注意以下几点。①选题的选择。作为编导，在选题材时一定要选择那些符合时代要求，同时能让观众产生兴趣的选题。而如果是在栏目中播出，则还要考虑栏目的定位和基调。②构思、确定拍摄方案。在对所选题材进行了解的基础上，编导要对选题进行深入、富有创造性的思考，从而确定主题、表现方式及基本结构，制订拍摄提纲。③脚本创作。脚本是短视频拍摄的基础，拍摄不同时间阶段的短视频需要不同的脚本来进行指导。编导在创作脚本时不仅要结合剧本和短视频的风格，而且还要考虑镜头时长、配乐、构图等多个环节的问题。

（2）现场拍摄

在现场拍摄前要做好准备工作，如对团队成员进行合理的分工；对拍摄对象及场地、环境等进行了解；拍摄设备、器材的准备；等等。而在现场拍摄时，编导要进行场面调度、安排或指挥拍摄等工作。甚至有时编导还要身兼摄像、演员等角色进行拍摄或创作。

（3）后期编制和包装

后期编制是编导的一项极其重要的工作，比如，对文字稿的审查、定夺；向剪辑人员阐明自己的创作构思和要求；指导短视频的剪辑工作，把握作品画面和声音的表情达意、节奏、风格；特技、字幕等技术手段的使用；等等。

除此之外，编导还要对短视频进行包装。短视频包装包括短视频LOGO、短视频片头、短视频内容及短视频片尾的包装工作。具体操作方法请翻阅第四章的有关内容。

2. 编导需要具备的能力

要想顺利完成上面的工作，对编导是一大考验。作为编导，不仅需要以上专业技能，而且还需要具备一些特殊能力，如图5-4。

图5-4　编导具备的能力

（1）良好的表达能力

负责短视频节目的选题，首先要对当今热点有所了解，善于捕捉现在的热点才能拍出优秀的短视频，其次在捕捉到热点以后要对每一个拍摄镜头有一个初始的想法和构思，甚至每一帧画面都要想好。

准备好拍摄方案，学会与摄影师沟通，表达清楚你的意思。拍到你想要的画面，这一点很重要。在后期，短视频编导极其重要，有时候要向剪辑人员阐明自己的创作构思和要求。

（2）强大的学习能力

虽然作为编导已经具备了一些硬实力，但是短视频的创作不是一蹴而就的，尤其是对以内容为主的短视频，更需要编导用心策划、打磨。这就需要编导具备强大的学习能力。比如在进行选题操作时要充分了解现在的人们到底热衷于什么，把握他们的需求。比如开箱视频、汽车评测、美食视频、知识干货的分享等。然后还需要了解每种类型的视频到底需要什么样的拍摄方式。比如，拍摄美食视频时想要表现食材的做法和食欲，怎样才能表现呢？这就涉及镜头的切换、剪辑的处理等问题。而在表现食欲方面又涉及打灯光、挑选新鲜食材、搭配颜色的问题。

（3）独立判断的能力

编导作为团队的总指挥，直接关系着最终作品的形成，也关系着整部作品的水平。但是在实际操作过程中，经常会遇到一些突发情况，这时就需要编导排除外界干扰，及时做出判断。所以，编导要有自身的审美趣味和判断能力，在某些方面不能人云亦云，要坚持自己的想法并迅速做出决断。

好的摄像师是短视频成功的一半

摄像师在短视频团队中扮演的角色至关重要，因为短视频是拍摄出来的，一个好的摄像师能通过镜头语言充分挖掘短视频的冲击力和表现力，从而为剪辑留下优秀的剪辑材料。而且一个好的摄像师还能和编导进行很好的对接，从而高效率完成编导规划出的拍摄任务，这对提高整个团队的效率来讲很重要。那么，一名优秀的摄像师需要具备哪些职能和能力呢？

1. 摄像师要具备的职能

所谓职能，简单理解为职务能力，短视频摄像师的工作就是拍视频，所具备的职能也是和视频技术相关的。一般来说，一名优秀的摄像师需要具备三大职能，如图5-5。

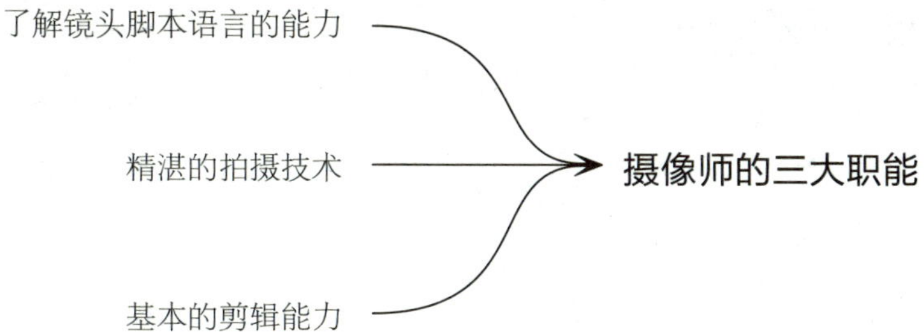

图5-5　短视频摄像师具备的职能

（1）了解镜头脚本语言的能力

编导在做完脚本后发给摄像师，摄像师需要根据脚本内容通过镜头把想要表达的内容表现出来。这就需要摄像师具备了解镜头脚本语言的能力，只有这样才能拍出符合编导构想的视频内容。

（2）精湛的拍摄技术

拍摄技术是摄像师最基本也是最核心的能力。作为一名优秀的摄像师，至少要掌握以下几种拍摄技巧。

①镜头推拉技巧。推镜头是指沿着直线向拍摄主体不断走近的过程，拉镜头是指沿着直线不断将拍摄主体远离镜头。②跟镜头技巧。跟镜头是指摄像师跟随拍摄主体不断运动的一种拍摄方式。③旋转技巧。为了表现眩晕感而经常用到的拍摄技巧。④甩镜头技巧。指拍摄过程中镜头突然转移至另一场景或是另一主体的方式。⑤镜头升降技巧。指通过升降镜头来呈现出不同视角的一种拍摄方式。⑥晃动镜头技巧。指摄像机上下左右晃动从而表现出特殊场景（醉酒、头晕）的拍摄技巧。

（3）基本的剪辑能力

剪辑能力不是剪辑应该具备的吗？为什么摄像师也要具备基本的剪辑能力呢？这是因为拍摄和剪辑是密不可分的。剪辑非常依赖摄像师的拍摄素材，如果摄像师具备一定的剪辑能力，在进行短视频拍摄时就会想到需要拍哪些内容，哪些内容需要重点表现，哪些内容是次要的，这样就能有针对性地进行拍摄。

2. 摄像师要具备的能力

以上职能仅仅是短视频摄像师必备的职能。作为一名优秀的摄像师，除了基本职能外，还要具备一些特殊的能力，如图5-6。

图5-6　摄像师需要具备的能力

（1）善于沟通

善于沟通是摄像师的必备能力之一，对于拍摄以人物为主的短视频内容来说尤为重要。并不是所有人在镜头前都能显得自然，一些演员在接触陌生的摄像师时会产生紧张感。这就需要摄像师和演员进行沟通。除了和演员沟通外，摄像师还需要经常和化妆、灯光等部门的人员进行沟通。因此，摄像师一定要善于沟通。

（2）善于观察

摄像师与摄影师一样，都要有独特的眼力，善于观察。比如在对演员进行面部特写拍摄时需要抓住演员最具表现力的某一个表情。

（3）应变能力

拍摄视频很考验摄像师的应变能力，比如场景的布置突然受到了天气因素的影响。这时就需要摄像师根据当时的天气情况捕捉到最符合短视频内容意境的画面。再比如在拍摄人物时，人物的表现也会呈现出多种状态，在这种情况下，摄像师一定要找到最佳的拍摄角度、最好的光线效果，来最大限度地表现人物。

剪辑师是将素材变为作品的魔法师

一般情况下，摄像师在拍摄完短视频素材后会将其交给剪辑师，剪辑师将其进一步整理，舍弃一些不必要的素材，同时将剩余部分利用后期软件加以处理，直至形成一部内容完整的短视频。一部作品从素材到最终效果成型，不仅要求剪辑师要有相应的专业技能，而且对剪辑师的基本素质也是一场考验。

1. 剪辑师需要具备过硬的专业技能

作为一名优秀的剪辑师，需要具备四项专业技能，如图5-7。

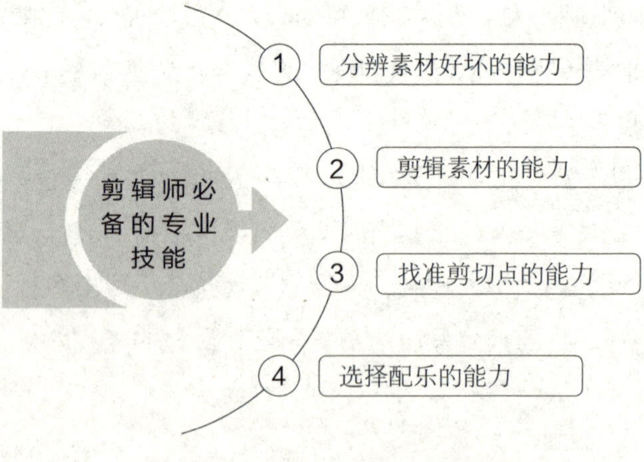

图5-7　剪辑师必备的专业技能

（1）分辨素材好坏的能力

我们在买回蔬菜后要择菜，把一些坏掉的菜叶摘掉，剪辑师的工作就像择菜。当摄影师将拍好的素材交给剪辑师后，剪辑师就要对素材进行整理，去其糟粕，取其精华。这就需要剪辑师具有分辨素材好坏的能力。

（2）剪辑素材的能力

剪辑素材是剪辑师最基本的能力之一，比如在剪辑中的基本技能操作——动作连接。动作连接是指把一个动作用两个画面来连接的剪辑方法。优秀的剪辑师在动作连接时能避免动作不连贯或重复的现象。

（3）找准剪切点的能力

剪辑师会在众多镜头中找出最棒的表情，找出哪一点是剪切点，从而形成剪辑的旋律感。应该在哪些地方进行剪切呢？最简单的方法是在画面的顶点处进行剪切。所谓画面的顶点，是指动作、表情的转折点，比如球体上升即将下落时、人物收回笑容的瞬间等。在画面的顶点或者在动作开始的前一刻进行剪切，会给观众留下深刻的印象。

“短”知识

剪辑师一定要有属于自己的素材库，虽然摄像师会提供素材，但是遇到某些紧急情况则需要从自己的素材库中寻找可用的素材。所以，平时一定要多搜集整理音乐、音效、视频、图片等各类素材。

（4）选择配乐的能力

有经验的剪辑师会在短视频的高潮阶段或是温馨的时刻加入一段符合此时此景的音乐，这样不仅增强了画面的感染力，还使得画面的衔接更加自然。关于如何选择配乐，我们会在视频制作部分介绍。

2. 剪辑师不可或缺的基本素养

将素材变为作品其实是一个精心的再创作过程，除了过硬的专业技能外，还需要基本素养的支撑，如图5-8。

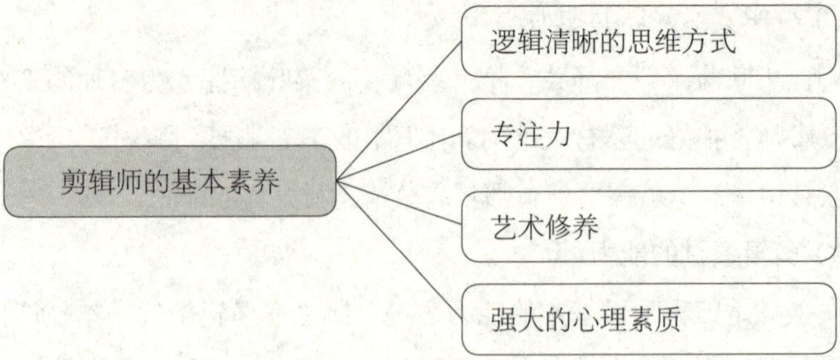

图5-8　剪辑师的基本素养

（1）逻辑清晰的思维方式

剪辑视频最基本的出发点是剪辑出来的内容能让人看得下去，并且能看得懂。

这就需要剪辑师有逻辑清晰的思维方式。这就好比我们上学时写作文一样，首先要知道整篇文章要表达的中心思想，即整个片子要传达给观众的核心；其次要考虑文章结构是否清晰，体现在剪辑方面就是考虑整体的结构和节奏；最后我们要按照整体的结构填充文章内容，比如案例。体现在剪辑方面就是剪辑好每一个镜头，什么地方应该用什么样的剪辑方法都要心中有数。

（2）专注力

我们写作文的时候是否专注呢？一篇好的文章一定是行云流水般一气呵成，这就需要作者具有一定的专注力。短视频剪辑也一样，需要剪辑师静下心来认真整理素材，分析每一个镜头想表现的核心点。在这个过程中，剪辑师要充分调动自己的感知，去挖掘由故事、画面、色彩、构图、

> **“短”知识**
>
> 剪辑师在工作中经常遇到素材取舍的问题，对演员或是摄像师来讲，舍弃一些片段是很可惜的，但是剪辑师的工作就是去粗取精，所以对素材要敢于舍弃。

音乐、情绪等构成的单个镜头的表现力。

（3）艺术修养

影像创作是一种综合性的创作，包括美术、音乐、写作等。如何通过剪辑把故事讲得清楚体现的是文学上的修养；什么时候放音乐以及放哪种音乐体现的是音乐上的修养；如何去选择镜头间的衔接，光影要怎样接才漂亮，都是在考验剪辑师的美术修养。

（4）强大的心理素质

剪辑师作为后期工作者必须要有强大的心理素质，剪辑的工作很枯燥也很烦琐。比如在剪辑的过程中发现拍摄的素材不理想，还要联系摄像师重新提供素材，这不仅会花费时间，还会消耗精力。

运营人员是将作品带向大众的推手

剪辑师在剪辑完作品以后标志着作品本身的制作已经完成，之后运营人员会接过交接棒，将作品推向市场。这就像工厂加工完成的商品，交给销售人员销售一样。即使你的产品再好，推不出去也枉然，所以短视频运营的重要性也是越来越被短视频团队所重视。

从另一个角度讲，如果说一个短视频的比例是100%，内容生产占50%，那么运营也占50%。而如果有的公司有专门变现的机构，那么内容生产和运营可能分别占40%，剩下的变现占20%。不管怎样，从短视频的内容到变现的流程，短视频运营都是很重要的。那么，短视频运营人员到底应该做哪些工作，需要具备哪些能力呢？

1. 短视频运营人员需要做的工作

大家都比较熟知的互联网运营，其中包括数据、策划、推广等。而短视频运营作为新兴的职业，属于新媒体运营或者互联网运营体系下的分支，即利用抖音、微视、火山、快手等短视频平台进行产品宣传、推广、企业营销的一系列活动。短视频运营的工作主要涉及四个方面，其中包括内容、用户、渠道和数据。这里简单了解一下作为短视频运营人员需要做的工作，如图5-9。

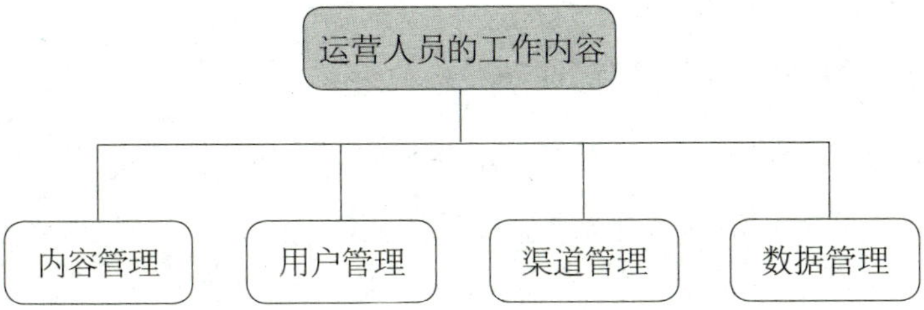

图5-9　短视频运营人员的工作内容

（1）内容管理

运营人员虽然不直接参与内容的创作，但是会根据市场和用户的需求为短视频创作者提供一些导向性意见。而在短视频制作和发布的过程中都需要运营人员的参与。

（2）用户管理

用户管理是短视频运营人员的又一工作重点，包括收集用户反馈、用户互动、策划用户活动、用户社群的建立等工作。例如，把短视频投放到各大网站或短视频平台以后，运营人员要了解用户的喜好，这样才能更加精准地开展粉丝营销。

（3）渠道管理

短视频投放的渠道有很多，如微信、微博、今日头条等大型平台，或是美拍、秒拍等专门的短视频网站。这些平台或网站为了扩大知名度，会定期举办一系列主题活动，这时运营人员就要及时掌握这些动向，积极参与各种活动。其中渠道运营工作还包括和一些渠道人员的对接沟通、签署协议等。

（4）数据管理

在做新媒体运营时，运营人员每天都要看公众号、微博的运营数据。做短视频运营也一样，比如某一条视频的全网播放量、单渠道播放量、评论收藏量等都需要分析。然后找出影响这些点的因素，再对短视频进行优化。

2. 短视频运营人员不可或缺的能力

目前短视频运营人员是比较缺乏的，很多从事图文自媒体的人开始转行做短视频运营。作为短视频运营人员，需具备三项能力，如图5-10。

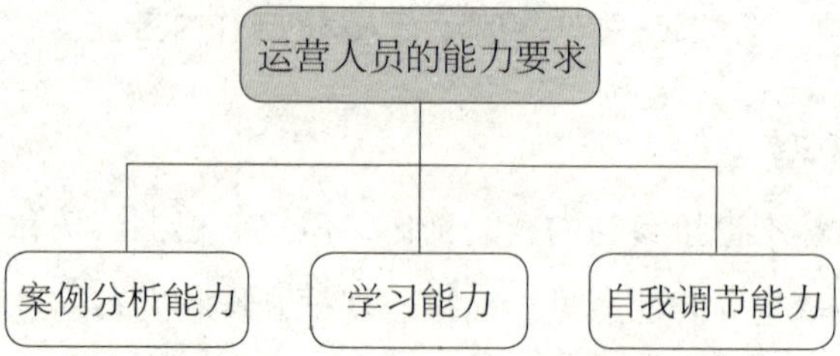

图5-10　运营人员不可或缺的能力

（1）案例分析能力

案例分析能力是短视频运营人员不可或缺的一种能力。所谓案例分析能力，简单来说就是从他人身上取其精华，运用到自己的工作上，不断提升自己。那么，如何去分析短视频栏目呢？比如，认真看3个最热门的视频，思考和写下视频激发人们哪些方面的共鸣，用户转发的理由是什么。写完这些之后，逐条去翻视频和微博的评论，看是否和自己分析的一致。这样做的目的就是，让我们更能了解这个视频的痛点是什么，用户的喜好有哪些。

> **“短”知识**
>
> 分析短视频案例可以从不同的角度进行，分析台词就是一个很好的方法。例如，分析papi酱的视频里的语言特色，进而总结出引发搞笑的语言特征和铺垫技巧，然后将其运用到自己的视频里。

（2）学习能力

短视频运营作为新兴的职业，还没有形成规范化的体系，所以需要短视频运营人员在平时的工作中不断摸索。并且短视频运营人员多来自其他运营领域，需要在工作中及时补充有关短视频运营的各种知识，形成自己的运营方式。这时强大的学习能力就显得尤为重要。

（3）自我调节能力

在某些方面，短视频运营和销售的性质很像。通常销售人员的压力是很大的，短视频运营人员也一样。对内要负责内容的策划方向，对外要负责内容的推广，还要经常和各种人员打交道。因此，这个岗位需要很强的自我调节能力。

实战分享：短视频行业如何招聘人才

通过前面内容的学习，我们已经大致了解短视频团队成员的角色定位以及该角色要具备的技能和能力。以下是整理出的一张表格，可以作为招聘短视频人才的参考。

表5-1　短视频团队各个角色具备的技能

角色	策划	脚本	拍摄	剪辑软件	包装软件	普通话好	能上镜	爱看视频栏目
编导	精通	精通	√	√	会基础	√	√	√
摄像师	√	精通	精通	会基础	会基础	√	√	√
剪辑师	√	√	×	精通	精通	√	√	√
运营	√	×	×	√	×	√	√	√

注：“√”代表该角色具备此技能会更好，“×”代表该角色不需要具备此技能。

根据短视频团队的现状和短视频内容的需要，再结合这张表格，就能大致确定我们需要什么样的人才了。接下来的工作包括三个环节：发布职位、筛选简历和面试。

1. 发布职位

我们发布的职位包括短视频编导、短视频策划、短视频摄像师、短视频剪辑师和短视频运营等。在发布职位的渠道中，拉勾网的成功率比较高。招聘文案中的职责这块可以参考上面提及的各个岗位所需具备的技能来写，当然还需要参考具体工作内容的需要来进行完善。

以下是某企业在拉勾网发布的招聘短视频剪辑师的信息。

短视频剪辑师

8-10k/北京/经验1~3年/本科及以上/全职

职位诱惑：

五险一金、年终奖金、零食水果、定期团建

职位描述：

（1）负责影视短视频内容的剪辑、脚本和后期等工作，对一些重大事件（如节日、奥斯卡、格莱美等），提前进行策划类视频的剪辑制作。

（2）结合时下热点，搜集海外视频素材，添加概括性的标题来说明，自主完成对热点事件的视频剪辑、制作，以及影视节目类的剪辑。

（3）要求制作的短视频内容输出方向是娱乐化、正能量化以及年轻化。

职位要求：

（1）一年以上剪辑或后期制作工作经验，熟练运用pr、ae、ps等相关后期制作及特效软件。

（2）英语水平良好，熟悉海外文化，欧美、日韩影视剧重度爱好者优先。

（3）对UGC内容有较强的敏感度，对视频剪辑有自己独特的视角，能够快速了解受众与用户需求。

（4）线上各类短视频APP资深用户，具备较强的统筹、沟通协调能力，抗压能力强，热爱并了解海外文化，有相关经验者优先。

2. 筛选简历

在发布招聘信息后会收到很多简历，一般来说，我们会筛选出两种人。一类是有相应的职能背景或视频背景的人。这些做过短视频的应聘者能够迅速融入短视频团队，更快地为公司带来效益。当然，这类人的薪资要求也往往较高。另一类是做过类似工作想要转向短视频的人。比如之前做过新媒体运营，现在来应聘短视频运营。这类人的薪资要求相对要低一些，因为缺乏经验，所以需要企业花费一定的时间和精力去培养。至于需要哪种人才，则要根据自身的情况而定，筛选出应聘者并通知其面试。

3. 面试

面试环节是招聘的最后一个环节，这时候一定要把好质量关，这样才能招到想要的人才。一般来说，在面试环节中要考虑以下几点。

（1）作品

对短视频行业来说，作品是衡量短视频创作人水平的重要指标之一。如果有相关作品，可以问以下问题：您在作品中的角色是什么？您大概用多长时间完成这个作品的？您对这个作品的理解是什么？

（2）技能

作为招聘人员一定要搞清楚应聘者都会哪些技能，再看这些技能是否与职位要求匹配。面试期间，招聘人员可以问面试者以下问题：都会哪些软件？作品里有没有使用这些软件？

（3）临场反应能力

除了那些面试者能预料到的问题外，招聘者还要根据现场情况提一些其他问题，以此来考验面试者的临场反应能力。比如针对编导，可以现场给他一个主题来策划；针对摄影师，可以拿出一些视频问他这个视频在拍摄上有什么优缺点；针对剪辑师，也可以拿一段视频给他看；针对运营人员，通过提问来了解他对视频栏目有没有自己的见解等。

第六章
视频制作：零基础也能做出爆款短视频

短视频的制作虽然不像电影那样要求严格，但是想要做出爆款视频也不是随手一拍就能搞定的事。而对短视频入门者来说，甚至不知道制作短视频用什么软件。“工欲善其事，必先利其器”，本章从最基础的设备准备讲起，再到短视频的拍摄方法、后期制作技巧的讲解。即使是零基础的短视频创作者，也能制作出符合爆款视频特点的短视频。

制作前期准备：选择合适的设备

短视频团队成员已经就位，这时我们该做什么呢？“工欲善其事，必先利其器”，当然是准备拍摄短视频的设备了。但是对不了解短视频行业或是短视频制作的朋友来说，选择什么样的设备真是一头雾水。有些朋友看到大家买昂贵的摄像机，自己也买一台，结果却发现自己拍摄的视频用手机就可以完成。所以，为了避免陷入选择设备的误区，我们来介绍一下常见的拍摄短视频的设备，如图6-1。

图6-1　拍摄短视频常见的6种设备

1. 智能手机

现在随着智能手机的普及和短视频投放平台的日趋完善，短视频创作者直接用手机就能拍摄短视频，并上传至短视频平台。而且很多短视频平台都内置短视频拍摄、剪辑功能，大大降低了短视频制作的门槛。

用智能手机拍摄短视频有三个优点：轻便、方便携带；操作简单，新手也能很快学会；直接分享，便于形成互动。

当然，手机拍摄短视频也有一些缺点，比如摄像头清晰度不足，简单的人像还可以，对于复杂的场景很难胜任。再比如手机中的防抖功能稍差，甚至很多手机没有该功能，在拍摄时多有抖动。

> **“短”知识**
>
> 对于刚起步的短视频创作团队，或者在没有过多预算的时候，可以考虑使用手机拍摄。在选择手机时尽量选择相机功能强大且防抖效果好的。

2. 单反相机

近年来单反相机成为短视频拍摄比较常用的设备，这是因为单反相机有三大优势：机身相对较轻便，画质等方面更专业，相比摄像机要便宜一些。

那么怎样用单反相机进行视频拍摄呢？相机机身上都设置有启动摄像模式按钮，如图6-2、图6-3所示。

图6-2　佳能EOS800D摄像模式按钮

图6-3　尼康D550摄像模式按钮

当然，不同单反相机的视频拍摄按钮或是拍摄功能有所差别，这里鉴于篇幅的原因不再一一讲述。

在使用单反相机拍摄时需要了解两个词：分辨率和帧速率。

（1）分辨率

在拍摄视频之前要进行分辨率的选择，常见的分辨率有以下几种：高清720P（1280×720）、2K(1920×1080)和4K（4096×2160）。分辨率越高画质越清晰，占用的储存空间就越大。

（2）帧速率

帧速率是指每秒钟刷新图片的帧数，即一系列图片在屏幕上的显示速度。在拍摄短视频前要选择视频制式，其中就包含了帧速率的选择。目前主要有两种视频制式：一种是欧洲等国家（地区）的视频标准——PAL，即50帧/秒作为720P高清视频的标准帧速率，25帧/秒作为广电标准帧速率；另一种是美国等国家（地区）的视频标准——NTSC，即60帧/秒作为720P高清视频的标准速率，30帧/秒作为广电标准帧速率。而且帧速率越高视频越清晰，占用的内存也会越大。一般来说，12帧/秒拍摄出来的短视频已经很流畅了，所以如果要求不高，就不需要那么高的帧速率。

3. 摄像机

在拍摄电视节目时，我们经常会用到摄像机，这是因为摄像机在视频效果上很出色。如果需要制作精良的短视频，就必须用摄像机，如图6-4。这里的摄像机指的是业务级摄像机，而不是家用DV摄像机。

图6-4　摄像机

因为是更加专业的视频拍摄，所以与之相配的配件就很多，比如摄像机电源、摄像机电缆（用来连接摄像机和录像机）、摄影灯、彩色监视器（用来保证拍摄画面的颜色）、三脚架（用来稳定拍摄设备）等。

4. 麦克风

在短视频拍摄过程中经常用到一些辅助工具，麦克风就是其中之一。借助麦克风，我们可以提高短视频的音频质量。比较火的品牌型号有得胜PC-K820、魅声T8-2、联想UM10C。

当然，市场上的麦克风产品很多，根据拍摄需要购买即可。

5. 轨道车

在拍摄外景、动态场景时，经常会用到轨道车。轨道车的种类有很多，如载人电动滑轨、便携式载人轨道车、匀速电动轨道车以及脚踏电动轨道车等。

6. 无人机

出于拍摄的需要，在某些场景中需要使用航拍无人机进行拍摄。比如从高空俯拍一些广阔的场景就需要用到航拍无人机，如图6-5。

图6-5　航拍无人机

简单几步进入平台推荐门槛

短视频“百播大战”持续升级，新入局的几款APP也加入了瓜分用户流量的市场。其中全民小视频是百度官方推出的一款手机短视频软件，用户在该短视频平台上不仅可以拍摄各种各样的短视频，而且还可以赚取魅力值，通过魅力值获得现金提现奖励。当然，只有符合规范的内容才能被平台推荐。

全民小视频的内容标准如下。

（1）原创视频。

（2）竖屏全屏视频。（横屏、方屏、小屏不可以）

（3）高清无水印视频。

（4）账号发布视频为同一类、专业化内容。

（5）发布视频间隔时间不超过3天。

其实每一类短视频平台都有各自的标准，如果短视频的制作达不到这些标准就会导致视频上传失败，或者得不到平台推荐。我们在制作短视频时必须注意这些问题，以下是短视频制作的一些通用标准。

1. 尽量使用竖屏拍摄

我们在看网剧或综艺时使用横屏模式能带来更好的观看体验，但是短视频不一样，短视频本身是分割用户碎片化的时间，竖屏的观看体验会更好。所以在拍摄短视频时一定要竖屏、满屏拍摄。当然有些追求创意的短视频也会采用横屏拍摄，但毕竟是少数。

2. 选择生活化、整洁的背景

除了一些风格独特的创意短视频外，一般的短视频都应该选择生活化、整洁的环境。生活化的场景会更亲民，更容易引起用户的情感共鸣。而整洁的环境能给人以舒适的观看体验。拍摄背景中切忌出现各类杂物，如饭店的LOGO、杂乱的陈设等。

3. 注意灯光的选择

在拍摄时要注意周围的场景，不要太暗，也不要曝光过度，以免给人不好的观看体验。尤其是拍摄人物短视频时，要格外注意室内灯光的选择，避免人物出现阴阳脸的情况。

4. 特效挂件的使用要合理

很多小视频APP都提供很多挂件以及特效，这些特效挂件的作用是让短视频呈现出更好的效果，如果胡乱使用则会影响作品的效果。而且挂件不在多，只要符合短视频内容就好。

5. 加字幕要注意位置和字体

一些短视频创作者喜欢对视频内容进行后期处理，最常见的做法是加字幕。不过在加字幕时要注意两点：一点是不要在显示作者信息的地方加字幕；另一点是在给视频内容配字幕时用普通的黑体、宋体就可以，尽量不要使用有描边变形的字体。

6. 人物自然舒服为最好

在拍摄人物短视频时，很多短视频创作者喜欢把自己打扮成网红脸，殊不知过分的网红脸很难给观众留下记忆点，还可能给人造成不舒服的感觉。除了特殊需要，比如一些时尚类的达人可能化一些比较浓艳的主题妆容。但一般情况下还是以清新自然的妆容为最好。另外，在服装造型上也需要注意，尽量保持和整体内容风格的统一。

运镜、转场等炫酷技巧

作为短视频初学者，虽然你接触了各类短视频的拍摄：采访、会议、微电影、校园景色……但你是不是总感觉自己的视频比别人家的差那么一点点？其实这是缺少一些技巧的缘故，下面我们介绍一些拍摄时常用到的运镜、转场等技巧，以此来提高短视频的水平。

1. 运镜

运镜也叫运动镜头，主要是指镜头自身的运动，在影视作品中，处于静止状态的画面镜头是不多见的，大部分是运动镜头。短视频拍摄也是如此，一般来说，运镜分为三个阶段：初阶、进阶和高阶。

（1）初阶运镜

对短视频拍摄新手来说，只需做到镜头和自己的手一起走，即手到哪里镜头就到哪里。不过，这一过程看起来简单，但是实际操作时要考虑相机的抖动，所以需要一定量的练习才能达到效果。

> **“短”知识**
>
> 运镜类短视频的制作要点：①手要稳，手机不要晃；②确定音乐的轻拍、重拍并运用相应运镜技巧；③录制结束后可以加上一些时间的特效或者滤镜。

（2）进阶运镜

初级阶段更像是学习运镜技巧的适应过程，运镜阶段才是真正学习运镜技巧的阶段。就像相声的基本功课是说学逗唱一样，进阶运镜的基本功课是镜头的转、抛、推、拉、定点停顿，即让自己的手跟着音乐的节奏做转镜头、抛镜头、推镜头、拉镜头、停顿镜头的动作。

例如推镜头是一个从远到近的构图变化，在被拍对象位置不变的情况下，用相机向前缓缓移动或急速推进的镜头；而拉镜头与推镜头的运动方向相反，摄影由近到远向后移动离开拍摄对象。

（3）高阶运镜

当掌握以上基本操作后，就可以进入运镜的高级阶段了。比如正镜头和手反方向运动，以此拉伸镜头的纵深感。

2. 转场

转场的本意是场景转换，转场的作用是对两个不同场景的片段起到分割和连接的作用。根据转场的方法不同，一般分为技巧转场和无技巧转场。

（1）技巧转场

技巧转场就是我们常说的转场特效，一般通过电子特技切换台或后期软件中的特技技巧来对两个画面的剪辑进行特技处理，完成场景转换。技巧转场包括叠化、淡入淡出、翻页、定格、翻转和多画屏分切等技巧。

叠化指的是前一个镜头的画面与后一个镜头的画面相叠加，前一个是镜头的画面逐渐隐去，后一个镜头的画面逐渐显现的过程；淡出是指上一段落最后一个镜头的画面逐渐隐去直至黑场，淡入是指下一段落第一个镜头的画面逐渐显现直至正常的亮度；翻转是指画面以屏幕中线为轴转动，前一段落为正面画面消失，而背面画面转到正面开始另一画面。

至于这些技巧的用法，可以在后期利用软件进行练习，如绘声绘影。

（2）无技巧转场

无技巧转场就是不借助特效，仅用画面的剪接来转场。自然的无技巧转场更考验前期拍摄，一般来说无技巧转场包括两极镜头转场、同景别转场、特写转场、声音转场、空镜头转场、地点转场等技巧。

①两极镜头转场

作用：强调对比效果。

释义：前一个镜头的景别与后一个镜头的景别恰恰是两个极端。前一个是特写，后一个是全景或远景；前一个是全、远景，后一个是特写。

②同景别转场

作用：吸引观众注意力，场面过渡衔接紧凑。

释义：前一个场景结尾的镜头与后一个场景开头的镜头景别相同。

③特写转场

作用：对局部进行突出强调和放大，展现一种平时在生活中用肉眼看不到的景别。

释义：无论前一组镜头的最后一个镜头是什么，后一组镜头都是从特写开始。

④声音转场

作用：借助声音转场过渡比较自然。

释义：用音乐、音响、解说词、对白等和画面的配合实现转场。

⑤空镜头转场

作用：渲染气氛、刻画心理，表现时间、地点、季节变化等。

释义：以刻画人物情绪、心态为目的，只有景物，没有人物的镜头。

⑥地点转场

作用：满足场景的转换。

释义：根据叙事的需要，不顾及前后两幅画之间是否具有连贯因素而直接切换（使用硬切），比较适合新闻类节目。

> **“短”知识**
>
> 用手机也能拍出炫酷的转场，比如遮挡镜头再放开，实现瞬间换装的效果；迅速抖动手机、迅速旋转手机，实现穿越的效果。

7种构图凸显短视频最佳美感

一些短视频制作者在观看一条、二更等短视频的时候都会有这样的疑感：为什么人家就能实现电影感的效果呢？其实大家使用的拍摄设备都差不多，甚至一些有技术功底的短视频创作者用手机就能拍出大片的感觉。

这其中一个重要的因素便是构图。如果前期的构图不好，即使拍出来的画质再好，剪辑再完美，也依然无法形成美感，更谈不上电影感了。以下是九种常用的短视频构图技巧，只要练习掌握，就能拍出富有艺术感和美感的短视频。

1. 中心式构图

中心构图法又称中间构图法，顾名思义就是把画面的主体放在正中间，这样做的效果是人们很容易把目光集中到主体上，从而实现突出拍摄主体的效果。不过，缺点是表现效果相对比较平淡，中规中矩，缺乏一定的活力和动感，如图6–6。

与中心式构图比较接近的一个概念是对称构图，对称构图是一种按照一定的对称轴或对称中心，使画面中景物形成轴对称或者中心对称效果的构图方法。常用于拍摄建筑、隧道等，给观众以稳定、安逸、平衡的感觉。不过，这种构图方法显得有些呆板，除非特定题材，如纪录片等内容可以尝试使用，否则不建议使用。

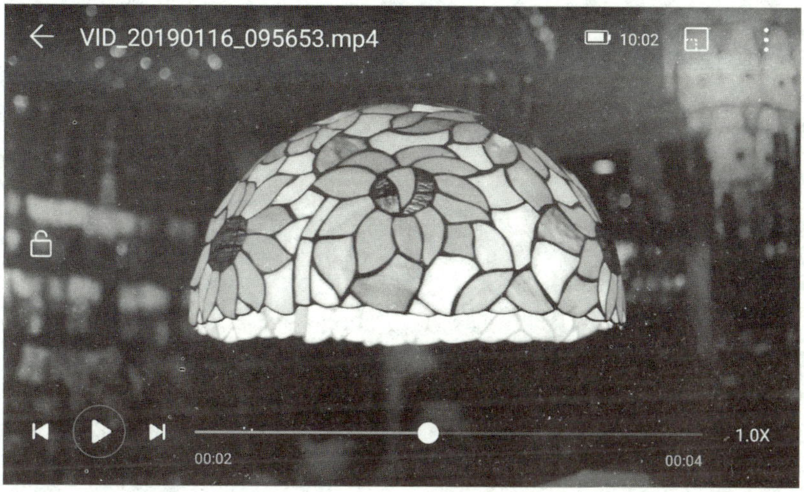

图6-6　中心式构图

2. 三分线构图

三分线构图，顾名思义就是将画面从横向或是纵向分为三部分，然后把拍摄的主体放在三分线的某一位置。这样做的好处是能突出被摄主体，让画面更加紧凑、具有平衡感，而且画面也不至于太过呆板、枯燥，如图6-7。

图6-7　三分线构图

3. 框架式构图

框架式构图是将画面重点利用框架框起来的构图方法，作用是引导观者注意框内景象，产生跨过门框即进入画面的感受。而且运用在短视频中还会产生一种窥视感，从而吸引观众。在拍摄时可以作为框架的元素有很多，如门框、窗框、树木花草形成的框架等。

4. 九宫格构图

九宫格构图是最常见、最基本的构图法，简单来说就是把视频画面各个边都均分成三等份，形成一个“井”字，其中的交叉点叫“趣味中心”。在拍摄短视频时把主题放在这些“趣味中心”上就能很好地凸显美感，让画面显得自然而生动，如图6-8。

图6-8 九宫格构图

5. 光线构图

在不同的光线下，视频画面会呈现出不同的效果，一般来说，顺光、逆光、侧光和顶光是四类常见的光线。

顺光指的是从被摄主体正面照射过来的光线，顺光构图能够很好地展示画面细节的色彩，是最常用的拍摄手法。

侧光指的是与拍摄方向成直角的光线，一般从被摄主体的侧面照射过来。被摄主体一面被照亮，另一面比较暗，明暗层次分明，有利于表现被摄主体的立体感和空间感。

逆光指的是从被摄主体后方照射过来的光线。当被摄主体处在逆光环境中时，很容易产生曝光不足的情况，造成明暗的反差，从而增强立体感。

顶光是从被摄主体上方直接照射过来的光线。当被摄主体处于顶光环境中时，阴影出现在被摄主体下方，且面积较小，几乎不会影响到被摄主体的色彩，反而能更多地展示被摄主体的细节。

6. 景深构图

用大光圈可以得到美丽的虚化效果，用小光圈可以把远处的背景拍得清晰，这里的虚化和清晰指的就是一张照片中的景深。简单来说，我们控制相机光圈大小就是为了得到不同的景深，即作品中由近到远的清晰范围。

这里我们介绍调节手机光圈的例子。打开手机相机，点击录像按钮，然后再点击光圈按钮，滑动刻度条就可以调整光圈大小，如图6-9所示。

> **“短”知识**
>
> 光圈值用F/f表示。
>
> 光圈和数值的关系：光圈越大，数值越小；光圈越小，数值越大。
>
> 光圈和景深的关系：光圈越大，景深越小，虚化效果越好；光圈越小，景深越大，远处的景色越清晰。

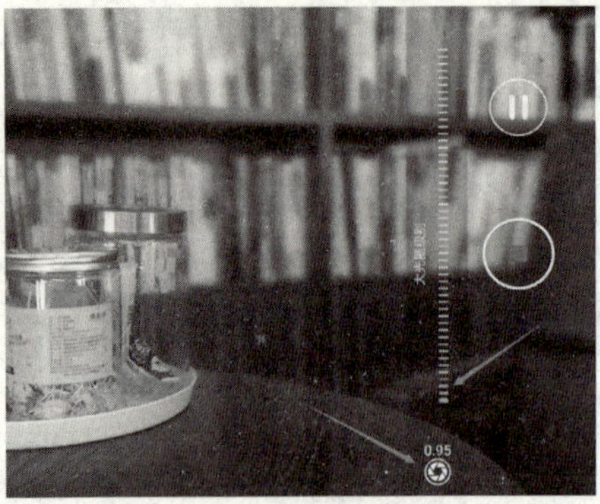

f0.95的大光圈得到很好的虚化效果

f16的小光圈可以清晰地看见书架

图6-9

7. 透视构图

透视构图，即利用线条引导观者的目光，使之汇聚到画面焦点的一种构图方式。引导线可以是有形的实线，比如蜿蜒的公路、曲折的河流等，也可以是无形的东西，比如目光的牵引、大面积相同颜色的牵引等。利用透视构图可以增强画面的立体感、延伸感，如图6-10。

图6-10　透视构图

添加音乐让你的视频不再尬播

同样一首歌，不同的人有不同的理解，所以给短视频配乐这件事本身具有很大的主观性。而且不同的人偏好的音乐风格也不尽相同，这又给短视频创作者带来了困难。虽然为短视频配乐没有固定的套路和答案，但是只要把握添加背景音乐的一些要素，就能增强短视频画面传递的情感，从而满足观看者视听上的享受。那么，怎样才能让背景音乐既有带入感又不落入俗套呢？

1. 把握视频的情感基调和节奏

什么样的音乐配什么样内容的短视频。在为短视频配乐之前，首先要弄清楚短视频的情感基调是什么，是无厘头的搞笑、有泪点的煽情，还是美食类的舒缓解压风。只有先把这些搞清楚了，才能根据短视频的内容配乐。

如果是无厘头搞笑风，则可以来一首《无敌》；如果是有泪点的煽情，不妨来一首*My Heart Will Go On*；如果是美食类的舒缓解压风，则可以来一首*The Windows Glow*；等等。

> **“短”知识**
>
> 背景音乐对整个短视频起着画龙点睛的作用，背景音乐最高的境界就是让你感觉不到它的存在，所以一定不能让背景音乐喧宾夺主。

除了把握视频的情感基调外，还要注意视频的整体节奏。为了使背景音乐与视频内容更加契合，在进行视频剪辑时最好按照拍摄的时间顺序先进行简单粗剪，然后分析过视频的节奏之后，再根据整体的感觉去寻找合适的音乐。

2. 选择与内容匹配的音乐

什么样的音乐才符合短视频内容呢？刚才我们举的例子是从感情基调的角度出发的。现在我们从音乐类型上来思考，比如用轻音乐作为背景音乐。此外一些英文歌曲的音乐也是不错的选择，因为人们对英文歌曲不太在意其歌词表达的内容是什么，这样能削弱音乐本身对视频内容造成的一些影响。比如“日食记”在背景音乐的选择方面就始终以舒缓温情的英文歌曲为主，整体非常治愈。

选择配乐也是一项细致的工作，而且对背景音乐的选择很大程度上要靠丰富的经验和乐感。那么如果我们没有这方面的经验和天赋该怎么办呢？这时我们可以通过QQ音乐和网易云音乐的歌单来查找，或者去看一些专业的免费音乐曲库，在这些曲库中进行定向查找。当然，我们也可以通过一帧平台的抖音音乐热度榜看看现在比较火的配乐是什么，如图6-11。然后根据搜索结果进行针对筛选，进而确定自己用什么配乐。

图6-11　一帧平台抖音音乐热搜榜部分截图

实战分享:《萌宠琪琪的日常》制作流程

首先用什么软件制作呢?如果你有一定的视频制作基础,那么你可能偏向于用比较专业的绘声绘影软件。但是对新手来说,这样的软件还是有些复杂。其实现在有很多针对新手的“傻瓜式”视频剪辑软件,比如“万兴神剪刀”(现为“喵影工厂”)就是一款专门为新手设计的视频编辑软件。现在我们用它来拍摄制作一条短视频——《萌宠琪琪的日常》。

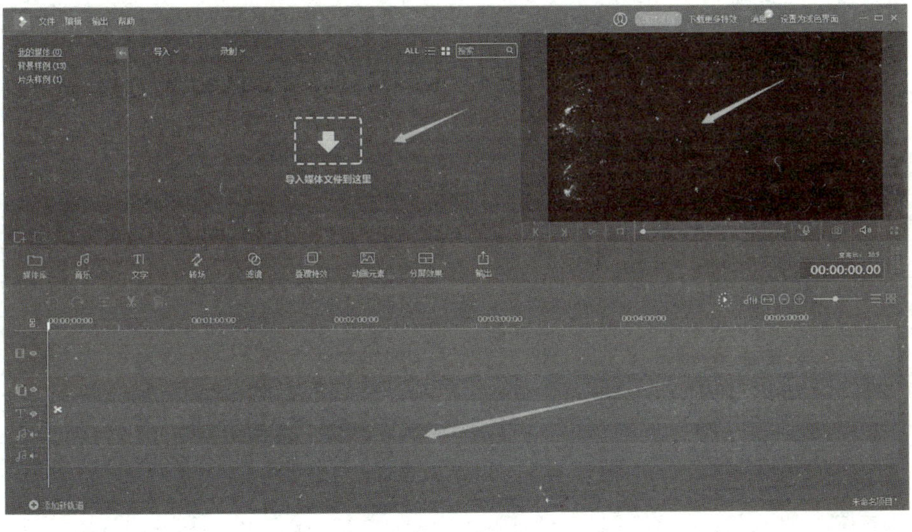

图6-12 “万兴神剪手”操作界面

首先百度搜索“万兴神剪手”，然后找到相关网站下载安装软件。安装好之后的页面如图6-12。我们看到软件的界面非常简单，左边是素材特效区，右边是预览区，下面是编辑区，即我们常说的时间线。

首先制作片头，鼠标点击一下“文字”，如图6-13。然后在素材预览区就可以看到软件提供的素材，选择一款素材，然后在预览区里面看一下它的效果，如图6-14。若是不满意，继续找其他片头。

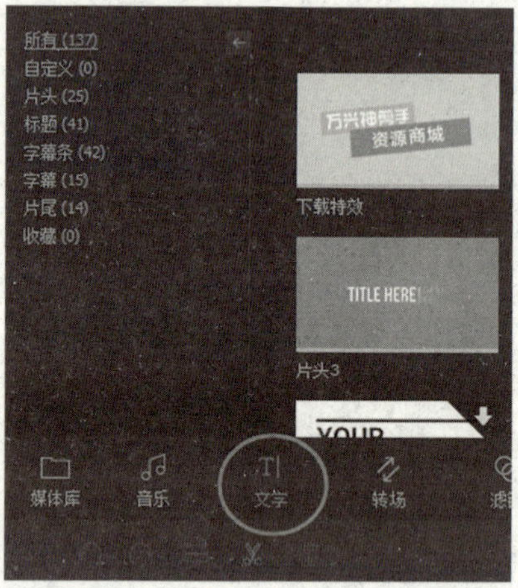

图6-13　点击“文字”

图6-14　选择一款素材在预览区查看效果

将选好的片头素材拖到时间线。现在我们看到时间线上片头部分为上下两层，上面是画面层，下面是字幕层，如图6-15。双击字幕层进入文字编辑，通过文字编辑将一个标题改为“萌宠秀”，如图6-16。然后鼠标点击预览区里的另一个标题，将其改为“琦琦的日常生活”。效果如图6-17所示，然后点击确定，片头就制作完了。

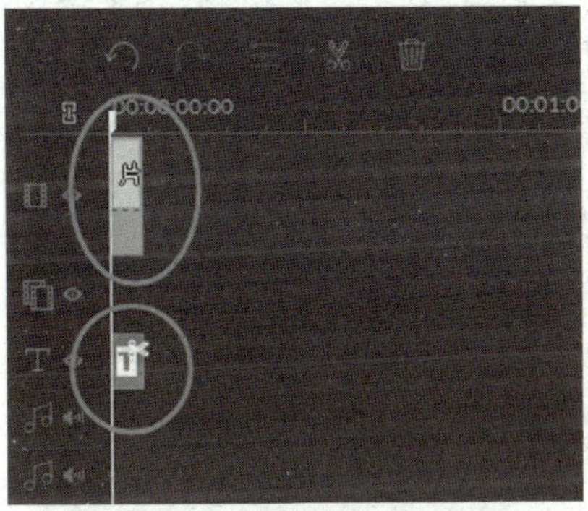

图6-15　画面层和字幕层

图6-16　双击文字层修改标题

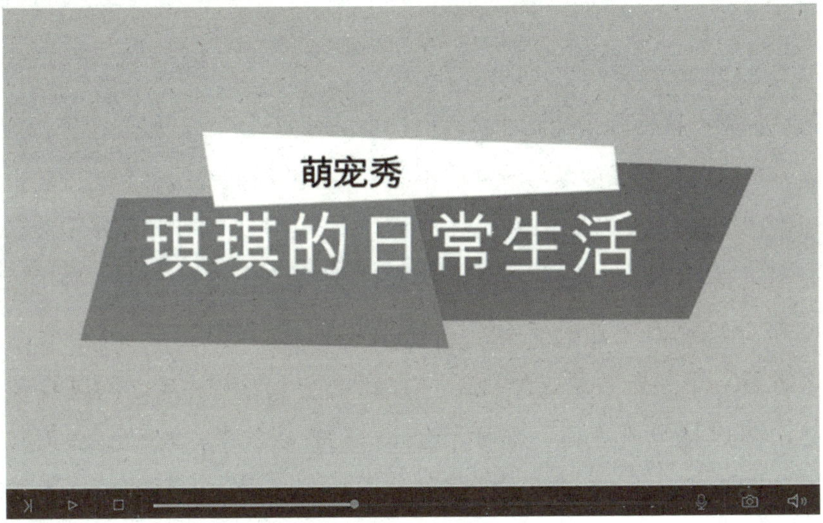

图6-17　片头文字效果

接下来剪辑视频，找到准备好的短视频素材，选择媒体库中我的媒体，点击导入媒体文件，如图6-18。

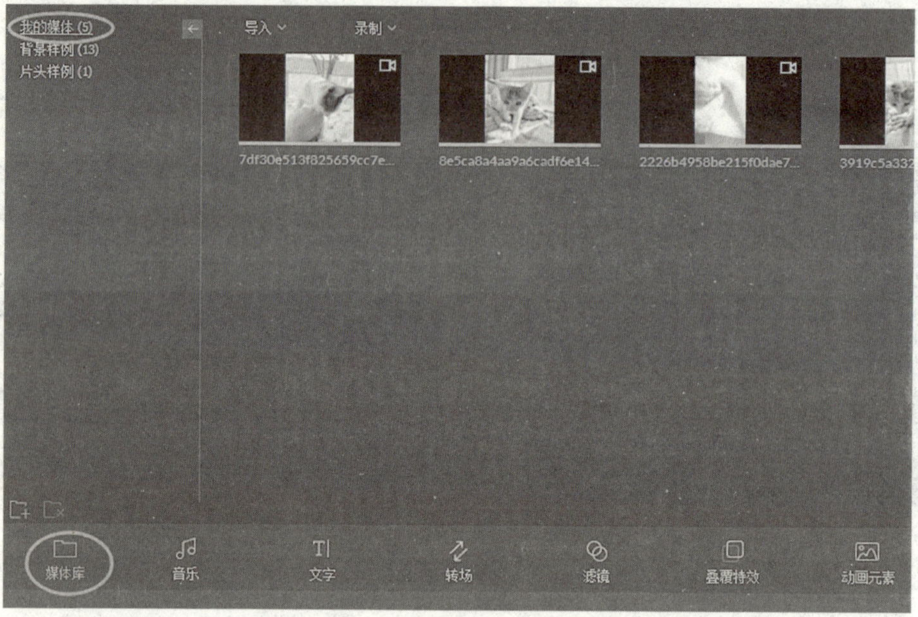

图6-18　导入短视频素材

然后将第一段短视频拖到片头后面，拖动时间线对第一段视频进行预览，如果觉得视频内容太长或是部分内容不好，可以将时间线拖动到想要剪掉的位置，点击“分割图标”（像剪刀一样的标志），就可以将视频片段剪成两段，将后面不想要的片段按“Delete”键删除。要想删掉前面的部分，则可以在编辑区点击“分割线”左边的视频部分，按“Delete”键删除。

这时看一下预览效果，发现从片头到第一个视频片段之间过渡有些生硬，这时可以找到“转场”按钮，选择一种转场效果，拖动到片头和片段之间，如图6-19。同样将剩下的视频片段拖入时间线进行剪辑，添加转场效果。

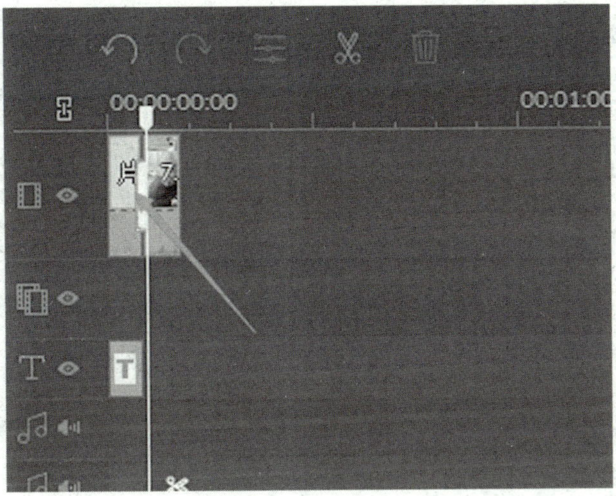

图6-19　拖动转场素材到片头和视频片段之间

接下来要添加片尾，选择媒体库中背景样例，挑选一款背景拖入时间线。然后点击“文字”“片尾”，选择一款背景样式拖入字幕层，如图6-20。注意拖入到的位置要和选择的背景样式对齐，如图6-21。接着在该字幕尾部拖动，这样就可以延长时间让它和选择的背景样式对齐。最后更改文字内容，比如“谢谢观看”。

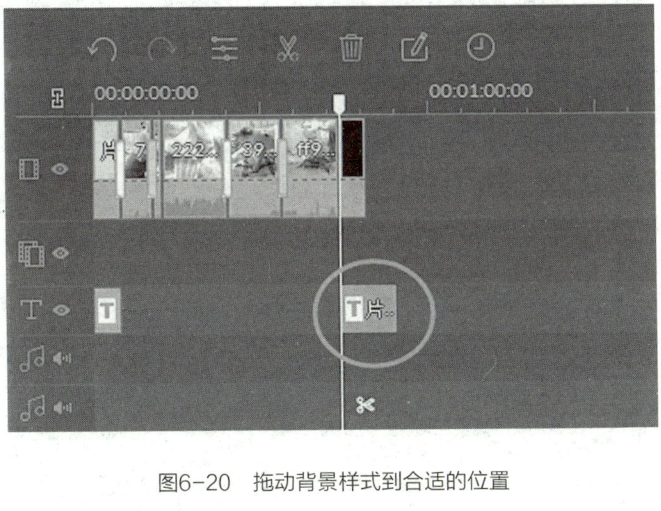

图6-20　拖动背景样式到合适的位置

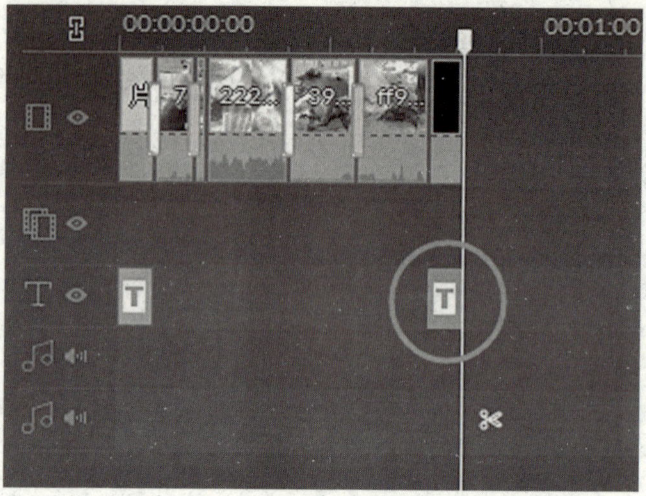

图6-21　拖动字幕尾部和背景样式对齐

为了让整个短视频显得活泼、有趣，还可以分别给视频片段加上字幕动画，具体操作为：点击“文字”“字幕条”，然后选择一个样式，拖到字幕层和第一个片段对齐，如图6-22。接着编辑文字内容，注意文字内容要和视频片段相互搭配。最后，按照以上操作为剩余的片段添加字幕。

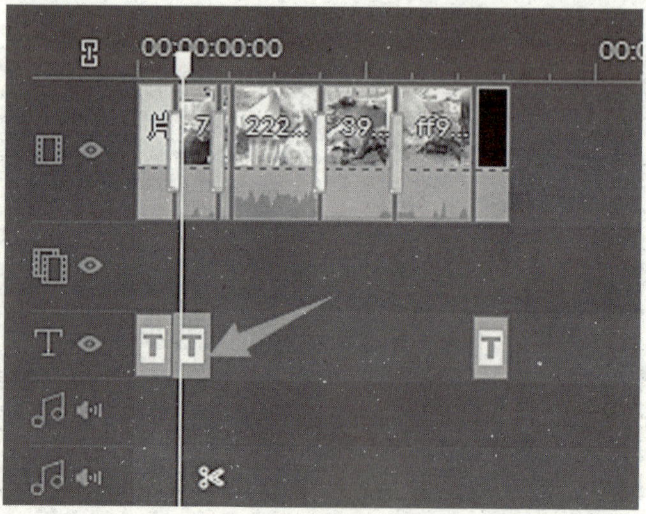

图6-22　拖动字幕条到字幕层的合适位置

如果我们想在短视频中添加音乐，该怎么办呢？点击“音乐”，选择一个和主题搭配的背景音乐，将其拖到音频层，如图6-23。我们发现音乐的时长要长于视频，这时利用剪刀工具将多余的部分剪掉即可。

图6-23　将音乐添加到音频层

预览一下发现，背景音乐的声音太大了，遮盖了视频中的声音，这时可以双击“背景音乐”，将音量按键向左拖拽，如图6-24。

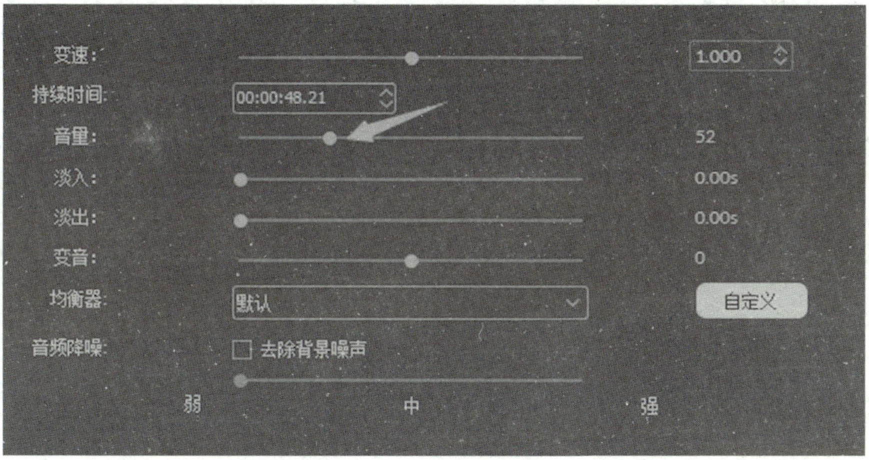

图6-24　拖动音量按键

至此整个视频就制作完成了，接着点击“输出”按钮输出视频，输出视频格式一般选择MP4格式，分辨率一般为1920×1080。最后点击输出影片，等待软件操作完成即可。

第七章
吸粉引流：将粉丝资源转化为商业驱动力

英特尔前总裁葛鲁夫曾经在1996年预言：“整个世界将会展开争夺眼珠的战役，谁能吸引更多的注意力，谁就能成为世纪的主宰。”现在的粉丝经济时代，粉丝就意味着流量，意味着变现的可能。因此，吸粉引流对短视频从业者来说至关重要。

保持更新频率，获取第一批用户

对短视频团队来说，第一批用户最有可能成为最终的死忠粉，所以如何有效吸引第一批用户，使其形成良好的观看习惯就显得尤为重要。其中保持较高的更新频率是短视频团队初期积累用户的必备技能之一。

习惯并非是与生俱来的，相信你一定听过“一个习惯的养成需要坚持21天”的说法。也就是说，习惯的形成有着自身的机制，而每日更新短视频恰好习惯这种形成机制的构成。通常来说，保持更新频率可以从以下几个方面来进行，如图7-1。

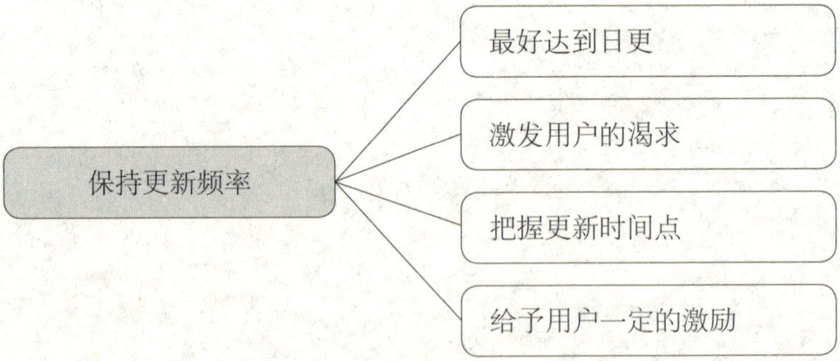

图7-1　保持更新频率的操作方法

1. 最好达到日更

现在是一个信息爆炸的时代，各种网络事物层出不穷，热搜不断。如果短视频团队长时间不更新视频内容，就很容易被淘汰。而每日更新则可以保证账号持续活跃，避免被粉丝遗忘。

“回忆专用小马甲”（以下简称小马甲）是微博上一个知名的宠物博主。如果你是他的粉丝，你就会发现他更新微博的频率很高，最高频率的时候一天能更新五六条。如此高的更新频率也培养了粉丝的观看习惯，提高了粉丝的活跃度。而当用户热情冷却的时候，他就会发布一些关于萌宠的短视频，于是又重新引起了粉丝的兴趣，保持住了自己的热度。

2. 激发用户的渴求

每日更新短视频可以给予用户一定的暗示，尤其是更新时间固定的时候，用户会准时上线观看视频内容。但是要注意，如果更新的内容无法满足用户的渴求，那么就很容易失去用户。所以，在短视频内容的编排上一定要注重创新，尽量保持在同类短视频中的优势和不可替代性。

《瞎看什么》是“笑工坊”推的一档电影解说类节目，后改名为《阅后即瞎》。节目中两位戴着墨镜装瞎的主播，操着字正腔圆的配音，用搞笑的方式解说各类电影，幽默的风格迅速横扫A、B站，如图7-2。在刚开始更新的阶段，很多用户产生了催更心理，于是我们看到很多留言是这样的：“怎么还没更新”“快更新啊”“为什么还不更新，不是说好的每天更新三集吗”……

用户催着内容更新，其实这里面就体现了用户期待好的内容。这个基础上再去增加更新频率就能够很好地吸引用户，让用户形成观看习惯。

图7-2 《阅后即瞎》视频内容截图

3. 把握更新时间点

保证了较高的更新频率甚至是日更以后，还不足以让用户养成习惯，短视频团队还需要把握更新的时间点。举一个例子，如果你的短视频针对的目标用户是学生，那么学生白天是没有多少空余时间的，所以白天就不适合更新视频内容。选择晚饭后就比较合适，这时学生上了一天课身心俱疲，就会选择通过短视频来释放压力、愉悦心情。

4. 给予用户一定的激励

我们培养孩子的习惯时，常常会拿出一些奖励诱导孩子，比如告诉孩子，只有每天保持某个习惯才能得到某个玩具。其实这种方法也同样适用于活跃用户，即发放一些小福利来激励用户。虽然这种做法在前期需要一定的支出，但相比能够在短时间内获取大量用户，这点支出划算得多。

比如，短视频团队可以搞一些活动，即每天坚持在新发的短视频下评论，积攒多少天就可以获得小礼物等。再比如，在微博上发布的短视频可以采用转发抽奖的形式。papi酱这类常驻微博的短视频博主就经常使用这种方法来积累人气、获取粉丝。

借助互动拉近和用户之间的距离

粉丝对节目的认可程度直接体现在评论量/弹幕数、点赞量和转发量上。其中评论量/弹幕数相比其他两项含金量更高，因为它是粉丝活跃程度最真实的反映。短视频团队要想提高这项数据，不仅要注重本身内容的质量和话题度，还要从用户互动方面着手。

与用户互动可以大大拉近短视频团队和用户之间的距离，那么作为短视频团队该怎么和用户形成良性互动呢？

1. 向用户征集话题

短视频创作团队在长期制作短视频的过程中难免会遇到瓶颈，如果想不到好的选题，不如发起活动向用户征集一下，这样还能和用户互动起来，让用户在表达自我的过程中产生参与感。

比如同道大叔在微博经常发布这样一个主题——“你与某某星座发生过哪些有趣的事”。然后从微博评论中选取具有代表性的事例作为以后短视频的话题。而当用户看到自己亲手参与制作的短视频后，则会有一种亲切感和自豪感。

2. 让用户生产内容

引导用户自发生产内容，让观众成为内容的生产者之一，往往可以大大提升用户的热情。短视频团队可以选取一些吸引人的主题，然后发出征集活动，有兴趣的用户看到后自然会参与其中，从而与短视频团队形成良好的互动。

比如，乐事在抖音发起的两场抖音挑战赛“是薯片先撩的我”“咔嚓咔嚓浪不停”，分别请了papi酱和邓伦亲自示范戏精的神转折玩法和尬舞的玩法，吸引了大量粉丝模仿参与。同时乐事还请了不同领域的杰出人才，通过创意玩法引导用户进行各种充满想象力的短视频内容生产。于是，不管是粉丝还是路人都加入了这场挑战赛，从而积累了不少粉丝，扩大了品牌影响力。

3. 抛出有争议的话题

有分歧的话题、针锋相对的观点，通常都能调动观众的情绪。比如美食的南北之争、热点事件的争议等，都能提高短视频的热度，吸引用户参与到讨论中。

比如，电影类脱口秀节目《阅后即瞎》在一段感人的解说之后突然抛出了这样一个问题：究竟是爱解决了问题，还是暴力解决了问题？这个问题引起了用户的广泛讨论，短视频团队与用户之间完成了一次很好的互动。

如何通过短视频给微信公众号导流

观看短视频成了人们打发上下班时间，或是工作间隙、课余时间的一种流行方式，一些有趣、优秀的短视频作品也常常被转发到朋友圈、微博。很多短视频创作者开始建立自己的公众号，并利用短视频给微信公众号导流。为什么要这样做呢？

通常我们会把短视频投放到各个平台上进行发布，可是一个播放量多少的信息，并不会给我们详细的数据帮助我们去了解粉丝资源。而微信公众号的后台有着强大的数据库，通过短视频给微信公众号导流，我们就可以利用数据库中的信息来了解粉丝的特点，得到用户的真实反馈，从而不断优化我们的短视频内容。

其次，微信公众号作为聚拢粉丝的有效平台之一，我们通过短视频给微信公众号导流势必能积累更多的粉丝，从而为流量变现提供更多的可能。

一般来说，利用短视频给微信公众号导流有三种方法，即视频硬转化、活动转化、内容转化。

1. 视频硬转化

视频硬转化是最基础的一种导流方式，简单来说就是在视频中或结尾处出现关注公众号的信息，引导大家去关注。一般来说有两种视频硬转化方式。

（1）视频中出现公众号或二维码

在视频中贴公众号或二维码是很常见的方法，比如Maxonor创意公元就采用了视频硬转化方式，将公众号和二维码放在了短视频的结尾处。不过，这样做的缺点是，可能看到视频尾声的用户没有那么多，这就会导致公众号曝光度没有那么强。

还有一种方法，在视频中间出现二维码，这样就能避免二维码放到结尾的缺点。一般来说，二维码放置在视频右下角最好。

（2）视频中的演员提到公众号

除了在视频中显示二维码和公众号名称外，还有一种视频硬转化，就是视频中的演员提到公众号。

2. 活动硬转化

活动硬转化，顾名思义就是通过做活动的形式给微信公众号导流。比如我们常见的“关注公众号获得精美礼品”“扫码领取红包”等活动形式。一般来说，活动硬转化有两种方法。

（1）关注公众号有奖品、可抽奖、得红包

具体做法是在视频中添加一些活动信息。其实这种做法有点像地推，转化效果并不是很好，因为有些用户只是单纯地想获得一些小礼物，领完礼物后这些用户可能就消失。当然，如果视频内容实用或是搞笑有趣，能够满足用户的碎片化需求，那么这种方法就可以使用。

（2）视频留言抽奖

在视频中留言抽奖，然后在公众号公布获奖名单。这样做的好处有两个，一个是能提高用户的活跃度，另一个是能与用户形成良性互动。

3. 内容转化

内容转化主要是利用公众号里面更精彩的或者短视频中没有呈现的内容来吸引大家关注公众号。内容转化相比硬转化，更能够吸引更加精准的用户，转化效果也会更好一些。通过内容转化为微信公众号导流主要有以下方法。

（1）利用用户的好奇心理

具体操作是在短视频内容中抛出一个问题，或是给出一些大家想要获取的技能。

比如，在视频结尾打上“如何免费获得贩卖机中的饮料”“关注微信公众号获取菜谱”“搜索‘××’公众号回复×××获得更精彩内容”等文字。

还有一些制作团队会截取一部分短视频内容进行发布，而到关键时刻，视频戛然而止，吊足观众的胃口。这时想要获得完整版内容就要关注微信公众号。

> **“短”知识**
>
> 微信公众号一定要与短视频栏目号相同。这是因为用户从一个平台到另一个平台需要有一个很强的动力，若是公众号的内容和短视频栏目内容出现一些差异化，则会导致转化效果降低。

（2）视频内容透露

一些系列迷你剧的短视频栏目可以采用这种方法。具体做法是在短视频末尾加上“后续精彩内容关注首发微信号×××”类似的内容文字。比如“唐唐说电影”就在视频中强调公众号会提前更新内容，来吸引粉丝关注公众号，第一时间观看新内容。

（3）相关视频内容

用相关视频内容给微信公众号导流也是常用的方法之一。公众号里会有与本期短视频相关的或者是同类型的视频，能满足用户想要获取更多内容的需求。比如在短视频末尾加上“想获得更多相关视频剧透，关注微信公众号”的信息。

短视频生态圈：让用户形成归属感

“网红”短视频团队往往有着大量的死忠用户，一方面是网红本身扮演的角色在起作用，另一方面网红都十分擅长和粉丝互动。当粉丝发出的评论得到回应后，粉丝的情感会得到极大的满足，这种满足感会驱使用户持续关注该网红。同样的道理，短视频团队要想留住用户，不能仅靠短视频内容的支持，还需要和用户互动，建立情感连接。情感连接可以将团队与用户之间这种一对多的群体性关系转化为私人关系，从而让用户产生亲近感和归属感。

1. 使用专属昵称

娱乐圈中明星的粉丝都有独特的称谓，比如郭德纲的粉丝叫“钢丝”，李宇春的粉丝叫“玉米”，易烊千玺的粉丝叫“千纸鹤”，杨幂的粉丝叫“蜜蜂”。每当提起各个明星的粉丝称谓的时候，粉丝便会产生一种归属感。同样的道理，短视频团队也应该为自己的用户选取一个专属昵称。这样当用户有了和短视频团队是一个群体的意识之后，自然也就形成了归属感。

2. 及时回复粉丝

马斯洛需求层次模型将人们的需求划分为五类：生理需求、安全需求、社会需求、尊重需求和自我实现需求。粉丝用户在给喜欢的短视频内容评论时一定是抱有期待的，实际上这是一种渴望被关注、被尊重的心理。如果短视频团队能及时回复粉丝，粉丝用户就会产生一种自尊心被满足的感觉，这样就能将其转化为活跃用户。

需要注意的是，一定要及时回复，因为随着时间的流逝，用户的期待值会慢慢降低。如果评论太多，难以逐一回复，那么可以选取具有代表性的问题专门制作一期短视频来回答。

有时候用户会选择通过私信的方式向短视频团队提一些问题或是分享一些小事。如果能及时回复这些用户的信息，那么这些用户很大程度上就会转化为忠实用户。团队还可以在征得用户同意之后将私信的内容转到公共平台上，这样会驱使其他用户也做出同样的行为，从而为团队和用户之间建立一个良性的互动循环。

3. 为忠实用户提供高附加价值

因为忠实用户不轻易流失，而且愿意为产品花费资金，所以相比新用户，忠实用户更应该是短视频团队重点挽留的对象。其中提供高附加价值是一种有效活跃忠实用户的方法，高附加价值能够带给用户一种专属感，进而让用户产生一种归属感。通常来讲，为忠实用户提供高附加价值有两种方法，即物质上的回馈和心理上的满足，如图7-3。

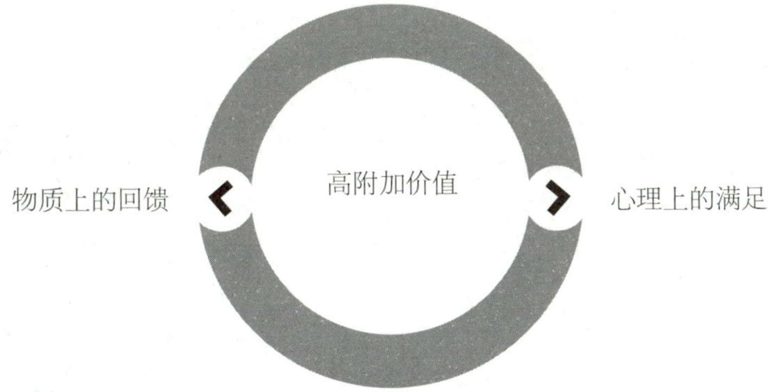

图7-3 为忠实用户提供高附加价值

（1）物质上的回馈

就像追剧一样，忠实用户一定时刻关注短视频团队发布的每一条短视频，所以我们可以在短视频过程中或是结尾处加一些抽奖、促销等内容，并且标注只有满足什么条件的忠实用户才能参加，比如积分达到多少之类的内容。这样一方面可使忠实用户得到物质上的回馈，另一方面也会激发新用户成为老用户。

（2）心理上的满足

一般情况下，忠实用户对短视频团队、内容了解得比较全面，甚至一些用户从短视频发布之初一直坚守到现在。那么我们就可以在短视频内容中加一些只有老用户才理解的“老梗”或是信息来凸显他们的优越感，从而让他们获得心理上的满足。

实战分享：马自达《回家，你怕了吗？》

春运、抢票、过年、串亲戚……现在种种过年的气氛渐渐让如今的年轻人觉得过年味儿淡了，过年的意义也变成了一种归途。一汽马自达很好地抓住了这个点，在2017年初拍摄了一部以回家过年为主题的短视频——“回家，你怕了吗”？

视频以春运场景镜头引出话题，如拥挤的火车站、车厢里的场景、燃放烟花爆竹的壮观景象等。这种贴近普通人生活的内容很容易引起观众的共鸣。接着视频中采访了不同年龄不同职业的人对过年的看法，最后引出一个话题：2017，你会在哪儿过年……

与此同时，马自达还通过短视频+微信/微博发起了“在哪儿过年”的话题讨论，当天就引起了强烈的讨论和共鸣，而在此后过年回家及返程的时候也分别引起了热议，于是大家纷纷“吐槽”自己过年的真实情况。通过这次春节短视频营销，再加上微博/微信两大平台的互动，马自达赚足了眼球，获取了大量人气和粉丝。

其实，马自达这次营销的目的是为即将推出的两款车型造势，显然马自达的目的达到了。在这次营销后，马自达获得极高的关注度。我们回顾一下马自达这次营销的整个过程：先通过短视频引出了话题，然后用“双微”互动的方式让话题持续发酵。等到时机成熟，马自达便推出了自己的新车型。而之前的话题热度自然而然转到了新车型上。

2018年，马自达的套路持续升级，发布了“在哪儿过年之拯救春节计划”，以“在哪儿过年”为主要话题策划了一系列互动活动，比如抖音APP上的“拯救春节计划”手势舞比赛。

再比如联合二更视频发布的一系列视频。如果说“在哪儿过年”和“拯救春节计划”戳中了网友的笑点和嗨点，那么二更的原创视频则戳中了网友的泪点，形成了很好的互动氛围。

第八章
流量变现：揭秘短视频引爆流量的暴力玩法

从目前的行业情况来看，短视频已经进入了深耕细作的下半场竞争，整个行业看起来依然生命力旺盛。然而，短视频行业依旧存在着变现困难的问题。“再不能变现，就要死了”，这可以说是诸多短视频从业者的心声。但并不是所有从业者都哀鸿一片，譬如抖音、快手等平台以及一些小型短视频创作团队就做得风生水起。那么，短视频流量变现的背后究竟有着怎样的秘密呢?

如何为短视频取一个引爆流量的标题

我们听说过“标题党”这个词，不过标题党的时代已经过去了。我们这里所说的好的标题并不是要我们模仿标题党的套路，而是要根据标题本身的内容和平台的运营特点去摸索一些取标题的规律和特点。这样就能使我们的短视频有更大的概率命中机器的推荐逻辑，从而快速引爆流量。那么该如何为短视频取一个引爆流量的标题呢？

1. 渠道标题的拟定

一般来说，短视频的投放渠道分为三类：推荐渠道、视频渠道和粉丝渠道。具体的投放方式，我们会在后面讲到，现在只讲渠道标题的拟定。

（1）推荐渠道的标题拟定

推荐渠道拟定标题的方法有很多，比如：在标题里提出疑问或反问，例如“你知道华为手机的隐藏功能吗”；抓住观众的痛点需求，例如“安卓手机卡顿？学会这3招轻松告别卡顿”；抓住时事热点，例如“微信被强制更新是什么感受”；等等。

（2）视频渠道标题的拟定

视频渠道通常是通过用户输入的关键字来给出搜索列表，如果我们拟定的标题上有用户搜索的关键字，短视频就很有可能被推荐给该用户。所以关键字是拟定视频渠道标题的关键。那么怎么找到流量高的关键字呢？最简单的方法是先找到视频中的关键点，然后到视频网站去搜索，看看他们是怎么拟定视频标题的。

（3）粉丝渠道的标题拟定

拿美拍举例来说，当我们发布视频后，首先吸引或是最先看到的是粉丝。接着粉丝会对短视频内容进行点赞、评论或者转发。而当视频的点赞量、评论量比较高时，我们的视频就会被推荐到更加热门的频道。

了解了这个机制后，我们在拟定标题的时候就要考虑如何才能吸引粉丝。比如，尽可能往粉丝感兴趣的方向靠拢，在把短视频内容表述清楚的基础上偏娱乐化一些，带一些悬疑色彩等。

另外，美拍通常采用的是标题+标签的形式。所以在拟定短视频标题的时候也要注意标签的拟定。比如标签上可以带上和短视频内容相关的大分类或是小分类，例如短视频内容是一支舞蹈，那么就可以带上“舞蹈”大分类的标签或是“拉丁舞”这个小分类的标签。还有一些特殊的标签能提高上热门的频率，比如“我要上热门”“发现”“精选”“@美拍小助手”等。

2. 短视频标题拟定的通用技法

目标用户的点击量是界定标题好坏最直接的标准，以下是短视频标题拟定的通用技法，熟练运用可以提高用户的点击量，如图8-1。

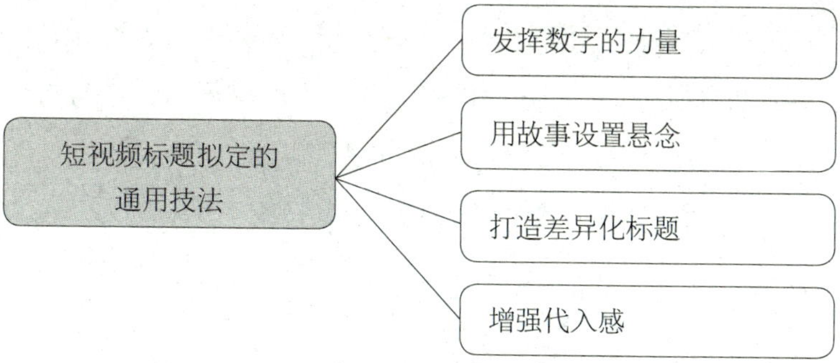

图8-1 短视频标题拟定的通用技法

（1）发挥数字的力量

标题内容越有吸引力，用户在页面停留的时间越长。研究表明，含有数字的标题在快速辨识记忆方面的效果是不含数字标题的几倍。比如同样是二更出品的短视频，包含数字的标题点击率更高。

> **“短”知识**
>
> 研究发现，阿拉伯数字的“1、2、3”要比文字式的“一、二、三”更直白、更直观。所以标题中的数字尽量用阿拉伯数字表示。

（2）用故事设置悬念

好的标题都十分善于用故事设置悬念，激起用户的阅读欲。比如“好心姑娘救了个乞丐，男友却和她分手，5年后乞丐回来了”这个标题的故事性就十分强，为什么救了乞丐会导致和男友分手，5年后的乞丐变成了什么样子？可见会讲故事的标题总能引人无限遐想，从而促使用户点击观看。

（3）打造差异化标题

拟定短视频标题时不免要蹭热点，但是怎么蹭是个技术活，如果标题内容没有差异化就很难脱颖而出。比如《战狼2》大热的时候很多媒体、短视频创作者都想借其热点上热搜。某账号围绕该主题发布了若干视频，但效果大多不是很好，唯有一条标题为“《战狼2》票房飙升30亿，女主表示不满，张翰这样吐槽”的短视频脱颖而出。

（4）增强代入感

增强短视频代入感能够拉近视频观看者和制作者之间的心理距离，而且还会激发用户在社交网络的分享行为，很多爆款短视频也都由此而来。让用户产生代入感的方法有很多，比如在标题中加入“××星座”“北漂青年”“00后”等词语，直接圈定相应的目标人群。除此之外，还可以采用“你应该知道的×××”“×××能够帮你×××”之类的句式来增强用户的代入感。

打造短视频个人IP，实现暴力变现

“IP”成为2017年网络流行词之一，那么什么是IP呢？IP是Internet Protocol的缩写，本来是知识产权的意思，现在被扩展为一切拥有知名度、具备一定市场价值的东西。对大一点的短视频团队来讲，IP开发是未来寻求变现的必经之路。《陈翔六点半》就是在有了IP光环后走上IP开发道路的，并推出了网络大电影《陈翔六点半之废话少说》。

然而问题来了，对个人来讲有必要打造IP吗？答案当然是有必要。如果我们打开快手APP，我们就会发现一些短视频创作者把自己打造成一个特定的形象去引流。比如，卖护肤产品的会把自己打造成护肤老师的形象，卖健身教程的会把自己打扮成健身教练的样子，卖美妆的会把自己打扮成一位化妆师。通过对这些形象的塑造，人们便会对这些角色推荐的产品产生信任感，那么流量变现也会变得简单。所以，打造个人IP是很有必要的。那么对个人或是小一点的短视频创作团队来说，又该如何利用短视频平台打造个人IP，从而实现变现呢？

1. 准备工作

在进行IP打造之前要做好以下两项准备工作。

（1）养号

虽然是打造个人IP，但是千万不要急着去发一些广告，而是应该像普通用户那样养一段时间的号，否则很可能会被封号。养号很简单，比如去热门随便关注几个人，评论几个作品，顺便转发一下就可以。一般来说三五天即可完成养号的操作。

（2）储备专业知识

在养号的同时要储备一些专业知识，比如做美容就去找有关美容的资源和素材。至于去哪里找，这里有几个渠道的美容可以借鉴：百度等搜索引擎，美妆类视频，知乎网站有关美妆的话题，公众号、百度贴吧里有关内容，淘宝里相关商品的资源。

> **“短”知识**
>
> 打造个人IP需要一定的原创能力和资源，最好做自己擅长的领域，而不要盲目跟风，也不要搬运或是做伪原创视频。

2. 拍摄、发布作品

做完这些准备工作后就可以拍摄、发布作品了。拍摄方面为彰显出专业水准，最好准备好相机、摄影棚、服装、场景摆件等。记住，服装、场景摆件都是为我们的IP形象设计的，因此在选购这些商品时要考虑我们的定位和形象。

在发布作品之前，需要把资料全部修改一遍，其中昵称和个人介绍是关键，昵称要取能戳中观众痛点的名字，而个人介绍也要把自己介绍清楚。这里面有个引流关键点——留下自己的联系方式。

做完这些就可以发布作品了，需要注意的是，作品的更新频率要及时，但是不要发布太多，一般来说一天一条视频就足够了，太多的话容易被封号。除此之外，在发布作品的同时不妨发一些有关发货现场的短视频。

3. 做好引流

发布作品之后要做的就是引流了，引流的方法有很多，这里我们主要介绍三种：评论引流、直播引流和加群引流。

评论引流顾名思义就是发表评论，主要有两种方法，第一种是专门去评论热门的作品，第二种是专门去评论同行的作品。这里需要注意，如果选择在快手平台发布短视频，评论的频率不要太高，否则容易被封号。其次，在评论的时候，内容最好不要一样，且不要带敏感词。

直播引流就是通过直播的形式引流。可以自己开直播，也可以在他人的直播间进行引流。不过，最好不要找那些人气很高的直播间，因为这些直播间发言和刷礼物的人往往很多，我们很难得到曝光的机会。除了言语上的交流外，还可以通过刷礼物的方式引流，在选择礼物时尽量选择那些便宜的，并且刷得速度慢一些，这样能争取最大程度的曝光机会。

加群引流就是加入一些玩抖音、快手等APP的群，然后找一些具有粉丝量的号互相关注，这样便可以导流一部分粉丝。

4. 朋友圈的包装

当做好引流工作以后，会有很多用户加我们的微信，这时我们就要注意朋友圈的包装了。因为我们打造的是个人IP，是要传达人格魅力的，所以朋友圈的布置方面首先要人格化。什么是人格化？简单来说就是要避免朋友圈全是广告的情况。想必你也很烦那些朋友圈全是广告的微商，所以为了争取好不容易引流来的用户，一定要在朋友圈发一些生活场景的内容，然后适当发一些广告就可以，比如一天发一条、两条。

如何选择合适的渠道获得分成

短视频平台之间的竞争其实是背后雄厚资本的较量，谁拥有雄厚的资本，谁就能在市场中分一杯羹。自互联网巨头陆续入局短视频以来，各类平台方的补贴政策便接踵而来。

2016年9月，今日头条拿出10亿补贴短视频内容创业者；2016年11月，百家号宣布，2017年百度将累计向内容生产者分成100亿；2017年2月，企鹅媒体平台宣布将拿出12亿元资金用于扶持内容创业者；2017年4月，阿里文娱推出20亿“大鱼计划”“大鱼奖金”；2017年5月，今日头条宣布将为其短视频平台——火山小视频注入10亿补贴……

这种现象对短视频团队来说绝对是大大的福利。因为各大渠道平台的扶持计划实则为短视频团队提供了更多变现的可能，即通过渠道分成来变现。而且，对短视频原创团队来说，在初期获得渠道分成是最直接的收入和变现来源。那么什么是渠道分成呢？如何选择合适的渠道获得分成呢？

1. 获得渠道分成的条件

即便清楚哪些渠道可以获得分成，也并不意味着发布了视频就会有分成。这是因为各大分成平台都有分成条件，只有用户达到了这些条件，才能获得分成。下面是常见渠道获取分成的条件。

表8-1　常见渠道的获取分成的条件

渠道名称	发布视频个数	其他条件
今日头条	10	新手期过后推荐视频超过10条可申请分成
爱奇艺	每天上传	平均每期视频的播放量不低于3千
一点咨询	30	账号开通不低于30天，被推荐不低于25条可获得分成
搜狐视频	5	向搜狐小编申请开通自媒体后即可获得分成
腾讯视频	每天上传	娱乐搞笑类有分成
优酷视频	每天上传	账号5级后申请开通视频创收获得分成/加入原创认证申请群

2. 如何选择优质的渠道获得分成

各大渠道平台的分成条件不同，获得的分成也不一样。比如，对同一则播放量为1万的短视频来说，如果在今日头条，那么日收入大约为20元；如果在爱奇艺，大约是15元。当然，在选择渠道分成时并不一定非要选择分成多的，而是应该选择适合自己的。在初期团队人力有限的情况下，可以这样选择渠道，如图8-2。

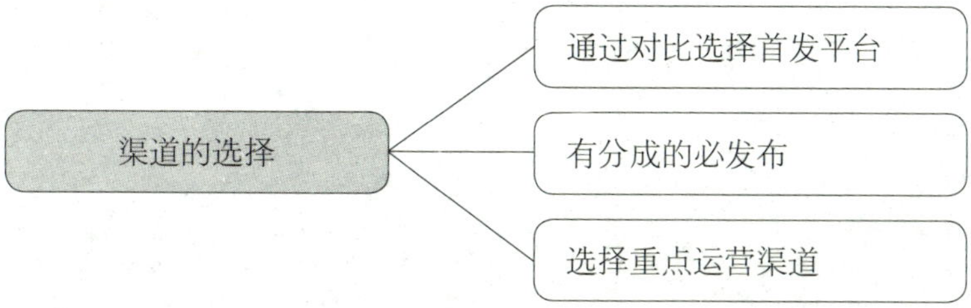

图8-2　选择渠道的方法

（1）通过对比选择首发平台

就像买货要货比三家一样，选择哪个首发平台都可以通过对比的方式来进行。比如，第一视频采取的是系统推荐机制，推荐制的算法在一定程度上可以测试视频内容的受欢迎度。而且个性化算法会根据用户的喜好来推荐视频。这样做的好处是能够帮助我们迅速找到目标用户。而相比之下，优酷、爱奇艺等视频渠道大多采用了人工推荐机制，好的推荐位往往被各大影视剧、综艺节目占据，因此在这些平台上获得分成有一定的难度。

（2）有分成的必发布

对创业初期的短视频团队来说，渠道分成是其最直接的收入来源，因此，只要是市面上有分成的平台都要进行发布，只有这样才能获得更多的分成收益。而对于那些没有分成的渠道，比如bilibili、微信公众号、UC号等，也要进行发布。不过，这些没有分成的平台不必投入过多的运营力量，相反，如果在那些有分成的渠道投放短视频，就需要对标题、封面图片、标签、介绍等内容进行精心设计。

（3）选择重点运营渠道

《陈翔六点半》投放的平台有很多，但是主要的运营渠道是今日头条。所以，有侧重地选择运营渠道是十分重要的。至于选择哪个渠道，还要看自身的需求以及和平台的匹配度。比如美拍的用户评论会相对客观，如果我们非常关注用户的反馈，就可以选择美拍来进行发布。

商业广告是流量变现必争之地

虽然现在短视频创业公司遍地开花，但是在变现的道路上却异常艰难，甚至很多短视频领域创业者连基本的商业变现模式都搞不清楚。根据今日头条发布的《2017年短视频创作者商业变现报告》中的数据显示，平台补贴和广告是目前短视频创作团队最主要的变现方式，其他方式还有知识付费、电商、衍生品等，但都还在起步阶段。

如此看来，短视频商业变现的模式有很多。其中商业广告就是很好的变现模式之一。尤其是对那些拥有巨额资金支持的大规模流量的大号来说，商业广告成了其主流的变现模式。那么如何通过广告变现呢？

1．采用硬广告的形式

硬广告也称硬广，我们在报纸、杂志、电视、广播这四大传统媒体上看到和听到的那些宣传产品的纯广告就是硬广告。很强的互动性特征使短视频具备了社交属性，也让短视频越来越受到广告主的关注。短视频硬广告主要是指贴片冠名。

> **“短”知识**
>
> 硬广告是指直接介绍商品、服务内容的传统形式的广告，即通过刊登报刊、设置广告牌、电台和电视台播出等进行宣传（区别于软广告），有点强制使人接受的感觉。

贴片冠名是很早就流行的一种硬广形式，在短视频中将品牌名或产品名作为短视频栏目的名称通过在片头进行标版、结尾处使用字幕鸣谢、视频中人物进行口播等形式进行宣传。

比如“大旅行家的故事”的某一期节目中，就出现了赞助商“星途游轮”的品牌LOGO。

2. 采用软广告的形式

与硬广告的硬性推广不同，软广告很多采取了故事化叙事的模式，模糊了广告与内容的界线。在短视频中，软广告主要以软性植入为主，这种形式更加注重广告和视频内容本身的契合，从而达到“润物细无声”的效果。

> **“短”知识**
>
> 软广告指广告主通过在网络、电视节目等宣传载体上插入画面、短片，或通过赞助社会活动、公益事业等方式来达到提升广告主企业品牌形象和知名度，或促进广告主企业销售的一种广告形式。

比如某短视频的主题是“教你做一碗鲜香麻辣的藤椒鸡面”，视频中有两个场景都采用了软广告植入的形式，但是因为和短视频内容相契合，所以不会对观看者造成不好的体验，如图8-3。

图8-3　视频结尾部分的软广告植入形式

不过，在进行软性植入时一定要注意以下三点：一是选择内容契合的广告主，比如短视频内容偏娱乐化，就可以考虑对接游戏的广告主；二是考虑观众的接受程度；三是保证内容的统一性，不要频繁换广告主。

内容付费模式让观众心甘情愿地掏钱

前瞻产业研究院整理的一份数据显示，从2015年前后开始，用户付费的意愿开始提升，各大网络视频也纷纷推出付费内容和付费形式，而且取得了一些效果。而到2017年，网络视频行业用户付费收入达236.17亿元，收入占比从2012年的4.4%上升至2017年的24.8%。所以，从整个数据分析来看，未来短视频内容付费形式大有可观。那么，短视频团队怎么才能做好内容付费呢？

1. 短视频付费内容具备的特点

短视频内容付费，本质上还是花钱买内容。既然是花钱，自然就有花钱的道理。如果想要让用户乖乖掏腰包，所制作的付费内容就要满足两个特点：有用和排他。

短视频内容有价值自然有人愿意花钱付费。比如通过短视频内容的学习可以提升专业技能、获得某些知识、解决某些疑惑等。

例如，问视就是通过内容付费来实现变现的。所有用户都可以在平台上展示自己的视频名片，设置提问价格。当有用户付费进行提问后，答主需要用3分钟以内的短视频进行解答，而其他对该话题感兴趣的用户也可以通过付费对问题进行围观。提问收益归属于答主，而围观收益则由提问者和答主平分，平台则对收益进行10%的抽成，问视APP界面如图8-4。

图8-4 问视APP进入页面及首页内容

人们往往愿意为独家内容付费，比如我们想要观看某个节目，但是该节目只在某个平台播出，而且需要开通会员。为了看到想看的视频，我们就会花钱开通会员。所以除了有用之外，人们也会为排他和独家的内容付费。

2. 短视频内容付费的主要方式

在内容付费整体的大趋势下，已经有很多文字、语音问答付费成功的案例。相对于文字、语音而言，短视频的信息承载能力更强。一般来说，短视频内容付费主要有三种方式：订阅打赏、购买特定内容产品和会员制付费。

（1）订阅打赏

随着打赏功能的出现，越来越多的人开始为自己喜欢的短视频或一些求助信息付费。从长远来看，订阅打赏是未来短视频行业中十分可行的盈利模式。比如快手、美拍等短视频平台都开通了付费礼物打赏功能。而对内容生产者来说，我们需要做的是让用户主动来订阅打赏。其中一个方法是激发观众的帮助心理，即让用户知道，他们的订阅打赏行为是我们创作优质短视频的动力。

（2）购买特定内容产品

> **“短”知识**
>
> 短视频内容付费能不能像直播打赏、长视频和音频付费那样让用户形成购买习惯，主要得看两点：一是能否持续输出高质量的内容，二是能不能解决用户的痛点，从而让用户愿意掏钱购买。

购买特定内容产品被广泛运用于长视频和音乐内容平台。例如优酷、腾讯视频等视频网站中某些电影需要单独付费才能观看。QQ音乐、虾米音乐等音乐内容平台中的某些歌曲也需要单独付费或是购买整张专辑来收听。

而在短视频领域，大家都在积极地进行尝试。比较成功的案例有付费系列短视频：《电影自习室Pro》，即主要面向专业创作人和影视爱好者，为大家分享影视创作中的技巧和心得的线上教程。

另外，看鉴的短视频内容付费探索的成果也相当不错。看鉴推出的系列付费专辑内容涵盖历史、民俗、地理、科普、文学、教育等多个版块，如图8-5。在营销方面，看鉴还推出了单独购买付费专辑、团购的模式来为短视频变现提供更多可能。

图8-5　看鉴微视频APP中的内容付费产品

（3）会员制付费

会员制付费在长视频和音乐内容平台的应用比较广。例如优酷、腾讯视频、爱奇艺、QQ音乐、网易云音乐等都建立了会员制付费制度，用户可以通过升级会员的方式享受某些会员特权。

而在短视频平台上，秒拍曾计划上线付费观看功能，但因其偏娱乐化的内容很难让观众掏钱，后来就放弃了。所以短视频在会员制付费上还处于探索阶段，还有很长的一段路要走。

实战分享：揭秘抖音的5种变现模式

有人说互联网赚钱的公式很简单，即流量=金钱。确实，在互联网时代，有粉丝、有流量就有钱赚。目前大火的抖音就是一个很好的例子。2018年7月16日晚，抖音官方账号宣布抖音全球用户数已经突破了5亿。要知道，仅在6月抖音就发布了其国内日活跃用户超过1.5亿，月活跃用户超过3亿的平台数据。

也正是因为坐拥着庞大流量的平台，才为流量变现提供了更多的可能。而在现阶段变现困难的情形下，很多短视频团队也跟风抖音，竞相模仿抖音的变现模式。但是，很多都处于盲目状态。那么抖音的变现模式究竟是怎样的呢？能带给我们哪些启示呢？

首先我们看广告变现。广告变现是所有变现方法中抖音官方最认可和最支持的变现方法。这是因为这种变现行为不伤粉，也没有其他平台的引流行为，直接在抖音平台就可以完成。具体操作是通过在短视频或个性签名中植入商家的软性广告，商家会给予达人一定的佣金作为报酬。目前业内公开的刊例价是一个抖音粉丝3分钱，实

> **“短”知识**
>
> 刊例价是指每家媒体官方对外报出的价格，根据媒体的知名度、发行量、发行区域等因素，每家媒体都会核定适合自己定位的刊例价格。

际上，大部分谈妥的价格是一个粉丝1.5～2分钱。例如某位抖音达人的粉丝是100万，每个月能收到的广告费就是1.5万～2万元。

卖货也是流量变现的主要方式之一。在刷抖音的时候，你看到一则美食类的短视频感觉很赞，打开作者的首页面会看到有一个商品橱窗，点击之后就可以进入淘宝进行购买。这便是抖音达人在引流淘宝卖货，如图8-6。除了引流淘宝，引流微信卖货也是常用的手法，比如做美妆类的达人常用的方法是拍摄一些关于化妆的技巧吸引粉丝，然后引导加个人微信成交或发展成为代理。

图8-6 引流淘宝卖货是一种很好的变现方式

知识付费是一个长期的命题，无论换到哪个平台，知识都非常容易被接受和传播，而且为知识付费这件事怎么都说得过去。所以知识付费就成了流量变现的另一种方式。

现在各行各业的人都在抖音中寻求流量的变现，比如做房地产的分析买房的技巧，做微商分享卖东西的心得，做销售管理的分享销售秘诀，等等。具体的做法是在抖音上分享一些专业知识或技能，然后通过引流微信、微博等方式来进行知识变现。

“伴着中国风的背景音乐，端起一碗黄酒一饮而尽，痛快地摔碗，江湖豪情，岂不快哉。”这是抖音上一则短视频的内容，视频一经发布很快便上了热搜，接着，肉夹馍、毛笔酥等迅速在抖音蹿红，并引发了一股全民游西安的浪潮，与此同时还引起了西安当地政府的高度重视，于是就有了西安政府与抖音官方的战略合作。这便是线下引流的很好的例子。不过，线下引流变现具有地域局限性，餐饮行业值得借鉴。

以上便是抖音流量变现的主要方式，当然，找到适合自己的变现方式才是最重要的。而且抖音是可以快速缩短大V和草根之间距离的平台之一，只要你有想法有创意，就能吸引粉丝，而有了粉丝就拥有了变现的可能。

第九章
营销推广：不可忽视的短视频营销红利

短视频的火热诞生了很多现象级口碑传播事件，譬如海底捞抖音套餐、星巴克隐藏菜单……在社会化营销逐渐疲软，流量越来越贵的情况下，各大品牌、企业纷纷抢滩试水短视频营销，这在一定程度上助推了短视频营销新趋势的到来。而作为短视频从业者，牢牢把握住短视频营销趋势也成了关键。

短视频营销的发展趋势

对大部分品牌来说，新品上市的时候拍一个TVC（商业电视广告）投放到电视台是一种标配，但在短视频盛行的环境下，传统TVC那种空洞乏味的形式已经很难引发观众的共鸣。而短视频营销这种更时尚、更病毒化的营销方式却能够迅速引发网友的主动分享。

2016年冬天，优衣库针对其新上市的羽绒服推出了6个魔性视频，每个视频15秒，视频中的主角分别用闽南话、广东话、东北话、山东话、上海话、四川话唱rap来推荐羽绒服。方言版的魔性视频很快成了网友们讨论的焦点，引发了不少UGC的产生。由此可见，短视频营销正在成为一种流行。

而今短视频营销市场正在以迅猛的速度发展，愈加完善的短视频营销生态正在形成。在这个过程中，短视频市场迭代的速度远超人们的想象，只有把握好短视频营销的发展趋势，才能更好地扎根短视频领域。以下是短视频营销的4大发展趋势。

1. 与电视节目摩擦出新的火花

随着用户注意力的转移、品牌年轻化的发展趋势以及短视频营销效果的影响，越来越多的电视节目大户会转向短视频市场。于是广告里开始出现各类互联网APP的身影，比如《奔跑吧》《中国新歌声》《明日之子》出现快手的赞助，《中国有嘻哈》《中餐厅》出现抖音的广告，火山小视频和《极限挑战》《爸爸去哪儿5》捆绑在了一起，陌陌冠名了《我爱二次元》……

2. KOL引发创意众包

短视频智能营销平台微播易创始人、CEO徐扬曾说："我们发现，现在整个主流的消费人群更加年轻化、个性化、圈层化、爱分享、爱吐槽、讨厌被人贴标签。这种情况下如何能找到对他们产生品牌影响的东西非常重要，而且很多的品牌其实已经在年轻群体里失去了影响力。"确实如此，比如问及舒肤佳这个品牌，很多"00后"竟然表示不知道。怎么帮助品牌重新赋能呢？答案是KOL。

什么是KOL？在一些大大小小的活动上，我们总能见到一些特邀嘉宾，他们来自各行各业，有网红达人、微博大V、艺术家、摄影师……而且他们每次出场都能自带流量和话题。这些人一般都被归为KOL。

在大众心目中，KOL的默认人设大概是这样的：粉丝多、颜值高、社交达人。但其实KOL诞生于营销学的概念，意为关键意见领袖（Key Opinion Leader，简称KOL）。通常被定义为：拥有更多、更准确的产品信息，且为相关群体所接受或信任，并对该群体的购买行为有较大影响力的人。

KOL拥有着不亚于明星的影响力，且比明星更接地气。KOL背后聚合着高消费力和高忠诚度的粉丝，拥有着不可低估的营销转化力，他们往往能创造出更懂粉丝的内容。当然，找到匹配的KOL也很重要，这涉及"创意众包"。"创意众包"是由微播易最先提出的一种短视频营销方法论。它有针对性地发挥不同KOL在创意、制作、分发等营销环节中的独特优势。

3. 短视频投放到微博成趋势

某互联网观察家分析抖音时提到，虽然短视频可以通过声画结合和各种场景演绎，使表现力很强。但是抖音自家平台缺乏类似微博那种依附在社交链条上的传播链条和社交传播渠道。简单来说，如果你觉得这个短视频不错，你就会将其分享到微博上，而不太会分享在抖音里。

而微博的媒体属性强，往往能结合明星、热点话题制造出现象级的传播。这种开放式的社交环境更适合短视频的生长和传播。如果把短视频投放到微博上，往往能够制作出霸屏级的营销活动。

4. 人工智能技术入局短视频营销

随着短视频营销市场规模的不断扩大，各种问题层出不穷，紧靠人工是很难解决的。而当下的人工智能技术能够很好地解决这个问题。

例如微播易曾在春节期间为每日优鲜执行了一次营销活动。首先，微播易通过对自利用人工智能对大数据进行分析，并结合每日优鲜的个性化投放需求，打造了一个专属KOL资源池。接着，微播易通过大数据等技术手段，从资源池中找到与每日优鲜粉丝属性一致的短视频账号。通过智能选号，微播易最终确定了野食小哥、毒角SHOW等KOL。然后通过创意众包，使这些KOL发挥最大优势。最后产出视频，在微博、微信、短视频平台进行分发传播。

短视频营销的核心优势

随着智能硬件及网络的快速发展与普及，各种各样的营销手段映入人们的眼帘。比如微信营销网页、小程序等。与此同时，在视频移动化、资讯视频化和视频社交化的趋势下，短视频营销越来越受到人们的关注。

微播易是一家致力于短视频智能营销的平台，根据微播易公布的投放数据显示，2017年微播易平台短视频营销意向金额达到15.21亿，共计有5721个视频自媒体被广告主选中、投放。而整个2017年，包括腾讯、阿里、京东、华为、百度等在内的70%的寡头都玩嗨了短视频营销。

为什么商业巨头和普通的短视频创作者都十分青睐短视频营销呢？一方面，短视频本身在形式上与图文相比，可承载的信息量更大；另一方面，短视频营销与传统营销相比，具有不可替代的核心优势。

> **“短”知识**
>
> 短视频营销是内容营销的一种，指的是借助短视频，通过向目标受众人群传播有价值的内容，从而吸引用户了解企业品牌产品和服务乃至最终形成交易的过程。

1. 营销策划更加专业

制作短视频相对来说是一个专业性比较高的工作，就像制作一部电影一样，制作一部短视频也需要编导、摄像师、剪辑、运营等人员的支持。

当然，也有一些玩自拍的短视频营销高手，比如各大短视频平台上的达人。他们在短视频营销策划时也具备一定的专业性，从而避免出现仿制的行为。所以不管从哪个角度说，短视频营销策划都更加专业。

2. 品牌更加强势

视频相对于文字来说，它的维度非常多，有人的维度、画面的维度、场景的维度、情节的维度等。而不管从哪个维度来讲，都比文字更有冲击力，更容易植入人们的脑海。而且利用短视频能够更加灵活地传达品牌的形象和产品的效果，这也是短视频营销最大的优势。

现在很多企业都在利用短视频营销来扩大自己的品牌影响力，比如海尔就曾发布一段营销视频。视频中一位平衡术大师以海尔洗衣机机顶为平台，将4枚5角硬币竖立叠放在一个俄罗斯方块上，在洗衣机运转的情况下，硬币纹丝不动，如图9-1。这段时长仅为38秒的视频迅速在网上传开，一天之内点击率达到数十万，被网友评为“最走心”的传播视频。

图9-1　平衡术大师在运转的海尔洗衣机上叠放硬币

尝到甜头的海尔后续又在官微上分享了以“虽然存活时间不长，但我觉得这个游戏还是蛮简单的”为引语的短视频，获得了300多万次的播放。通过一系列短视频的展示，海尔完美地完成了自己品牌形象的展示。而且对海尔来说，短视频营销这种更加亲民的方式远比直接导流销售更有意义。

3. 互动增多

在注意力经济时代，单向的“背书式”传播已经不适应当下的潮流与形势，而能够适应的是互动式传播。由于短视频的维度比较多，用户可以互动的场景就会增多。再加上人本身就有好奇的特性，所以很可能会根据短视频广告去模仿，甚至生产出新的视频。这无形中就提高了视频的宣传度，从而达到了营销的目的。

> **“短”知识**
>
> 目前可以做短视频营销的平台有很多，我们只要将视频投放到这些平台上，再搞一些活动，例如挑战赛之类的，就很容易使用户互动起来。

4. 渠道更加宽广

2016是直播元年，不论是斗鱼、虎牙等大型直播平台，还是花椒等中小型直播平台，都享受到了直播带来的红利。营销者可以通过直播达到宣传的效果和目的。

其实，直播只是短视频营销的一种渠道而已，短视频的营销渠道还有很多，比如搜狐、优酷、腾讯等视频网站，美拍、抖音、快手等短视频APP，各大微信群、QQ群，等等。而且随着互联网和智能手机的发展，短视频营销的渠道会越来越多。

SEM推广模式增加曝光度

曝光度的高低是短视频运营效果最直观的指标之一，曝光度高意味着我们的短视频能够最大限度地被用户看到，也间接说明我们的短视频能够得到用户的青睐；而曝光度低则不利于短视频的推广传播，也间接说明我们的短视频营销做得不是很好。那么怎样才能增加短视频的曝光度呢？除了本身内容的打造和渠道分发外，还有一种常见的营销模式——SEM推广模式。

1. 什么是SEM推广模式

搜索引擎营销或SEM网络整合营销（Search Engine Marketing，简称SEM）。SEM是一种全新的网络营销模式，它整合了百度、搜狗等几大常用搜索引擎的营销技术以及社交平台等网络推广手段。在短视频运营推广中运用这种模式，可以让用户通过搜索获得有关短视频的相关信息，从而激发用户的观看行为，起到良好的推广效果。

> **“短”知识**
>
> 短视频关键词是SEM推广过程中的重点。关键词在搜索中排名越靠前，被用户看到的可能性就越大，因此，在选择短视频关键词的时候，一定要深思熟虑。

相对于其他推广方式而言，SEM推广模式具有很多优势。这是因为采用这种模式的时候，用户会主动通过搜索选择观看短视频，因此吸引过来的用户和短视频的调性很搭，也符合短视频制作者的预期，并且是短视频团队的潜在目标用户。所以，虽然采用SEM模式前期需要进行一些投入，但是对短视频团队来说，这样可以迅速增加短视频的曝光率，吸引大量用户。

2. SEM三大推广模式解析

对短视频团队来说，SEM是一种非常有利的推广方式，以下是经常用到的SEM的三大推广模式，如图9-2。

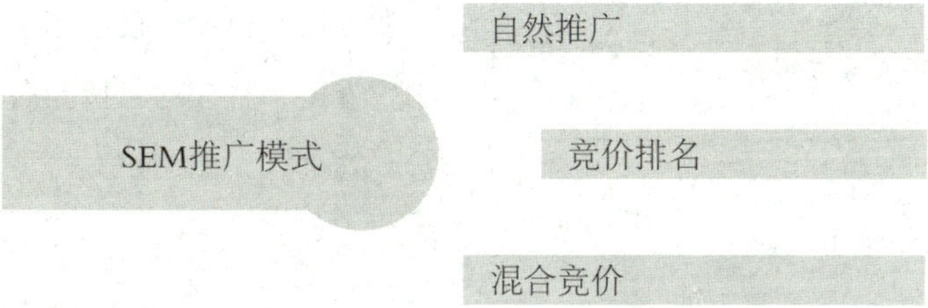

图9-2　SEM三大推广模式

（1）自然推广

自然推广是最简单也是最节省成本的一种推广方式，简单来说就是将短视频发布到网络平台之后，将要推广的短视频通过网页等形式放入搜索引擎。搜索引擎会对短视频中的关键字进行抓取，当用户搜索该关键字的时候，搜索引擎就会弹出相关内容。

我们注意到，搜索引擎具有抓取关键词的特性，刚才我们也说到关键词是SEM推广过程中的重点，因此短视频制作者在选取关键词上一定要用心。比如，可以在前期对目标用户人群的搜索习惯展开调查，然后整合、分析数据，得到较高频率的关键词，最后把这些关键词添加到短视频的标题、标签或是文案部分。

（2）竞价排名

自然推广虽然成本比较低，但是由于搜索引擎的计算方式存在一定的差异，因此存在着不确定因素，这样就会导致用户无法搜索到或是搜索到的概率偏低。而且自然推广取得的效果比较慢，往往需要一段时间的推广酝酿。如果想在短时间内取得不错的推广效果，则可以采用竞价排名的方式。

> **“短”知识**
>
> 竞价排名的收费方式是按点击付费的，点击短视频链接的用户越多，需要支付的费用就越多，而如果没有点击，则不会收取费用。

竞价排名指的是向搜索引擎方付费购买广告位。当用户搜索相关关键词的时候，会首先搜索到我们的内容。以百度为例，百度在搜索结果上设有专门的广告位，且在广告位的右下方有“广告”的字样，如图9-3。

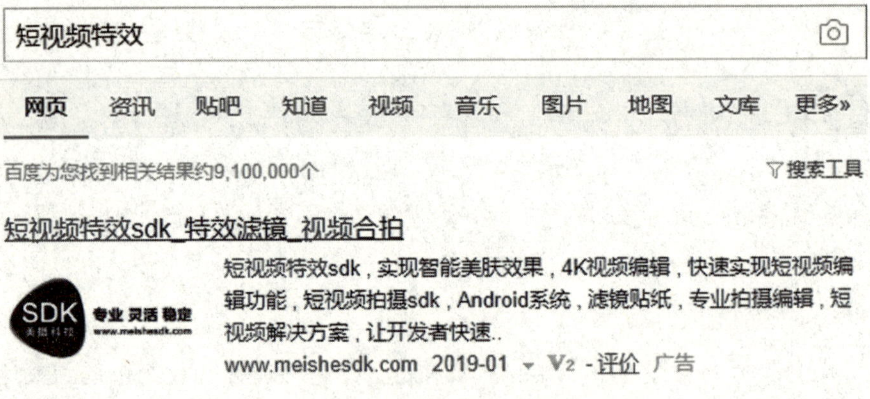

图9-3 百度竞价排名广告位

（3）混合竞价

将前两种推广方式的特点加以整合就形成了混合竞价方式。短视频制作者要想通过这种方式对短视频进行推广，则需要考虑两个方面的问题：资金问题和短视频的点击率。

对于资金问题，要根据自己的实际情况进行资金预算，而对于增加短视频的点击率，则可以使用社交平台共同推广或是加入其他推广方式进行多渠道联合推广。例如，可以在微博上发布短视频链接，增加短视频的点击率。

短视频直播营销成平台新打法

“2016是直播元年，2017是短视频元年”，而二更从2017年上半年起便开始着手布置“短视频+直播”的新玩法，同新浪旅游美食频道、国内顶级美食主播一起打造出了原创美食食材探索类节目《一个人的美食》。据统计，不足三个月，该节目就获得了全网播放量累积破亿的好成绩。

随着综合平台功能的不断完善，“短视频+直播”玩法也流行了起来。短视频和直播的结合正好可以互补。直播的互动趣味能够弥补短视频的单调，而短视频又弥补了直播在讲故事能力上的短板。从营销角度看，“短视频+直播”也不失为一种很好的营销方式。那么从短视频团队或是个人的角度来讲，该如何做好“短视频+直播”呢？

1. 合理分工发挥各自优势

不论是短视频还是直播都有各自的优势，这就需要我们对其合理分工，并将各自的优势最大化呈现出来。先来看一下短视频和直播各自都有哪些优势。

短视频的优势：时长短，用户可以在任意场景下的碎片时间内完成观看；内容更为聚焦，一般聚焦于某个话题或垂直化的内容领域；传播方便，且可以重复使用。

直播的优势：互动性更强，信息传播是双向的；可以即时为观众解决产品的顾虑，配合线上、线下的销售渠道使即时成交成为可能。

那么具体该怎么把短视频和直播结合起来呢？以日本知名的“大胃王”网红木下为例，木下日常投放的视频都和吃有关，因为时长的限制，视频大多采用了快进或是剪辑的方式。后来木下渐渐有了人气，就在周末的时候直播试吃食物。而且在直播过程中还和粉丝互动，回答一些问题。通过这种方式，木下迅速走红，截至2019年1月，木下的微博粉丝已经突破90万，如图9-4。

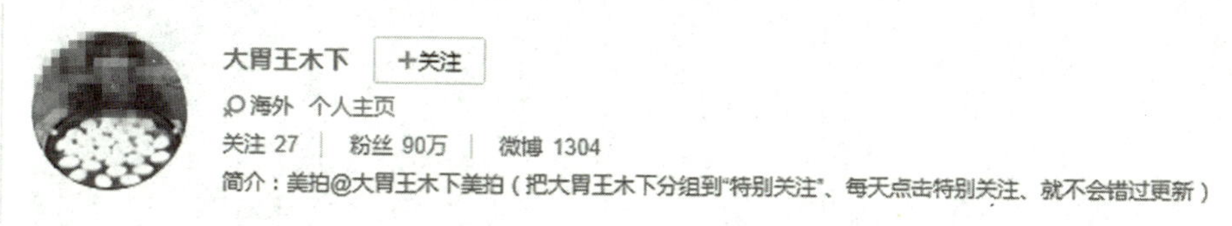

图9-4 “大胃王”木下的微博

2. 深入的策划和设计

在走过硬广和单项宣传的时代后，大多数消费者对传统的营销方式已愈渐感到厌烦。相反，他们更喜欢软性的、能够引起自身共鸣的故事化营销。比如现在火爆的短视频农产品营销，不仅卖产品，而且还讲故事，比如回馈家乡、创业历程等。当然，讲故事只是营销的一种形式，不论是短视频还是直播，都不能只介绍产品，而应该进行深入的策划和设计。

“短”知识

“直播+短视频”的正确打开方式：首先是话题，不管是短视频还是直播，好的话题都能增强创作者的竞争力；其次加入购物链接，这样不管是主播还是短视频内容创作者都能够通过直播卖货，增加变现方式。

3. 让专业领域的人员进入团队

所谓“术业有专攻”，如今各个行业的分工不断细化，策划、设计生产专业内容都离不开多个领域专业知识的交叉融合。如果缺乏专业的策划，直播和短视频呈现的内容就不容易激发用户的购买欲，有时候甚至缺乏一定的美感，当然也就无法通过口碑传播的方式让产品拥有持久的生命力。

不论是一条出色的短视频还是一场好的直播，都需要让专业领域的人员进入团队进行指导。比如，短视频不仅需要内容优秀，而且在售后服务、产品开发等方面都需要拥有更多的专业人员；直播不仅需要内容精致，还需要利用互动为消费者构建身临其境的感觉，发挥直播最大的功效。

实战分享：奥克斯空调与《920，说爱你》

随着经济的发展，消费的不断升级，一个品牌想要更好地接近消费者，除了为受众提供优质的商品外，更要满足消费者的情感需求。2017年9月，会玩也敢玩的奥克斯空调在920奥粉节联合短视频“魔力TV”旗下品牌《小情书LOVOTE》拍摄了系列爱情短视频《920，说爱你》。

视频内容讲述的是一对生活在城市的情侣，两个人因为各自的工作无暇顾及对方而分手。好在最后经过激烈的思想斗争，有情人终成眷属。视频分为上下集，并且使用的是开放式结尾。第一集中两个人因为工作的原因走到分手的边缘，结尾的互动话题是：在一起或者不在一起，你想知道我的答案吗？第二集男主人公在工作和爱情之间选择了爱情，结尾的互动话题是：在一起，冷暖相伴。视频一经发布，立即引发了网友的热议，瞬间登上微博话题榜第七，微博情感话题榜第二，阅读量超过1.2亿，互动讨论量突破22万，最终实现2.8亿次惊人的全网曝光量。

这部短视频中还有一个很棒的伏笔——奥克斯空调，它是男女主人公感情中的一个重要的象征。两个人生活拮据时，男主人公心疼女朋友做饭辛苦，许诺将来会给她买台空调，让她过上舒适的生活，后来果然买了一台奥克斯倾城佳人，打算给对方一个惊喜。所以在这段故事中，空调不仅仅是一件商品，更是一份感情的承诺。

随着系列短视频的推出，奥克斯空调展开了大量营销活动，比如凡是在920奥粉节购买空调的用户，都可以享受超级丰盛的大礼包：10年保修金卡、免费清洗、920就免单、全国联保、送货入户等。

除了和新媒体平台的跨界联动，奥克斯空调还将眼光聚焦到直播中，在920奥粉节上邀请了诸多KOL以及各大直播平台的网红主播亲临现场，通过直播与观众实时互动，一边介绍奥粉节的盛况，一边介绍奥克斯空调最热门的机型。而且直播过程中还不断穿插送礼物等活动。

在这次营销中，对奥克斯空调的品牌而言，通过短视频内容营销与互动话题营销的有效结合，不仅吸引了大批粉丝，还获得了巨大的曝光量。整个营销过程中，短视频和直播作为营销手段，参与度极高，与其他营销方式形成了有效联动。这就给我们带来了启示：在现今营销节奏越来越快的情况下，抓住时下热门的短视频营销成了关键。

第十章

品牌塑造：借助短视频快速传播品牌影响力

作为移动互联网时代的新产物，短视频已经成为年轻人表达自我的主要工具和内容的主流载体，其中短视频和品牌主的结合也是理所当然的。譬如OPPO的《周杰伦的2000W个故事》广告、爱马仕的“旋转”包袋广告、金龙鱼的抖音挑战赛……这些短视频发出后都将品牌推上了话题中心。那么，这些品牌主是如何通过短视频来塑造品牌，传播品牌影响力的呢?

短视频营销为品牌主带来新契机

随着抖音短视频的火爆，各大品牌主也接连布局短视频营销战线。所以我们不仅会在社交平台上看到一些企业宣传广告，还会在一些专业的视频网站中看到经过产品包装的短视频节目。比如，麦当劳这个老品牌也开始大胆尝试短视频营销。

麦当劳联合短视频平台Snapchat开启了一场“Snapchat招聘”。面试者需要在Snapchat短视频里“套上”一件虚拟的麦当劳工作制服，然后录一段十秒钟的视频。这段视频作为应聘麦当劳的敲门砖，只有视频足够有料、有趣，才能进入下一步的面试环节。

用视频展示个人才艺已经不是招聘过程中的新鲜做法了，但是这表明麦当劳也想在短视频的热浪中冲刷一下大众的视野，增加自己品牌的曝光机会。其实不止麦当劳，星巴克、GUCCI、欧莱雅等国际一线品牌均开始试水短视频，为什么大家都竞相扎堆短视频呢？

1. 短视频更容易被接受

相比于图文，短视频更容易被大众接受，这里包含三个原因。第一，研究数据表明，大脑处理可视化内容的速度要比纯文字快60000多倍。因此，从生理角度来讲，人们更乐于接受短视频，而非文字。第二，快节奏的生活方式几乎瓜分了人们的大部分时间，地铁上、公交车上看视频、看小说成了常态，而短小精悍的短视频更符合这些碎片化场景的需求。第三，相对于动辄几千万的投资广告来讲，打造一条短视频需要投入的时间、精力、费用都要少得多。而且传递给用户的渠道有很多，不再仅仅限于广播电视、广告牌等。

2. 短视频是年轻人的社交名片

如果不想靠着品牌积累的底蕴慢慢死亡，就要学习年轻人的社交名片——短视频。“你刷抖音吗？”“我觉得快手更好玩”“你知道最近流行的‘爱的手势舞’吗”“那个早过时了，现在流行小黄鸭”……像这样的对话，在当今的年轻人交流中广泛存在。当年陌陌用一句“用视频认识我”直接开启了短视频营销的大门，如图10-1。

图10-1 陌陌《用视频认识我》短视频

的确，现在年轻化已成为品牌绕不开的一门必修课。传统的纸媒、纸质广告等渠道已经渐渐失去年轻一代的关注。在互联网迅速发展的今天，短视频成了当下年轻化受众最潮流的社交方式，也成了各大品牌主应该着手布局的领域。

3. 短视频是更具表达力的内容业态

内容营销时代已然来临，品牌营销的形式也和以前有很大的不同，相比单一讲述品牌故事，现在的营销方式更注重于用情感和角色来打动用户，从而让他们与品牌的产品或服务建立情感纽带。在这种趋势下，短视频的优势就凸显了出来。相比于简单的图文内容，短视频更具三维立体性，品牌主通过短视频能够更清晰地向用户传达想要表达的内容，且更容易引起情感共鸣，更具表达力。

> **“短”知识**
>
> 内容营销指的是通过图片、文字、动画等介质向客户传达有关企业的相关内容，从而促进销售的一种营销方式。内容营销不需要做广告或做推销，就能使客户获得信息、了解信息、促进信息交流。

如何快速提高品牌曝光率和转化率

在移动新媒体时代，各种短视频APP软件的开发呈现出火爆的局面，抖音、快手、秒拍、yoo、虎牙、斗鱼……而在现今企业品牌竞争激烈的情况下，要想发挥出品牌影响力，就要学会运用这个媒体时代的平台，提升企业的品牌曝光度和转化率。

1. 品牌曝光的常见方式

增加品牌曝光率的方式有很多，以下是常见的五种方式，如图10-2。

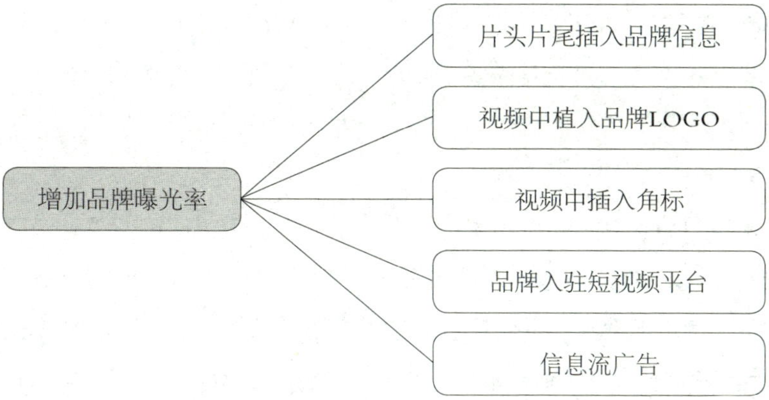

图10-2　增加品牌曝光率的常见方式

（1）片头片尾插入品牌信息

如果短视频片头、片尾没有品牌信息，短视频内容就会缺少一种品牌效应，用户便很难记住。所以在短视频片头或是片尾插入品牌信息成了品牌增加曝光率惯用的手法之一。

比如在“papi酱”的视频中，我们就可以看到片头有明显的标注“papi酱”，而且片头中还配有一句话：突然更新的放送。

（2）视频中植入品牌LOGO

LOGO是品牌代表之一，所以在视频中植入LOGO也能增加品牌的曝光率。比如在一档名为《太阳猫早餐》的节目中，就插入了品牌LOGO，而且插入的方式也很新颖，比如会用带有品牌LOGO的健康提示。

（3）视频中插入角标

其实这也算是植入品牌LOGO的一种方式，只不过插入的品牌角标是以间隔的形式出现的，比如每间隔50秒出现一次。通常这样会比正常的插入LOGO更吸引人注意。

（4）品牌入驻短视频平台

以抖音为代表的短视频APP的火爆自然也吸引了企业的关注，越来越多的品牌开始入驻短视频平台，用短视频内容来和粉丝互动，比如京东、天猫、小米、支付宝、滴滴等不同行业的品牌都入驻了短视频平台。

> **“短”知识**
>
> 在入驻平台之前，一定要考虑企业自身的定位及营销目的，全面了解各平台调性与用户特点，看与自己的目标用户是否吻合，然后选择一个或若干个平台入驻。

（5）信息流广告

经常玩抖音的用户一定会遇到这种情况：刷几条抖音视频，就会碰到一个标着“广告”字样的抖音信息流广告。可见，往短视频平台投放信息流广告也成了品牌增加曝光率的玩法之一。

比如雪佛兰、哈尔滨啤酒、苏菲等品牌均在抖音上投放了信息流广告。而其中苏菲在抖音上投放的两个信息流广告，两天时间播放量就达到了1600万。

2. 提升转化率的三个方法

短视频是目前互联网媒体行业公认的风口，是各大公司竞相争抢的一块“肥肉”。但是否只要点击量高就是成功的短视频呢？答案是否定的。举一个例子，如果一个视频有一个亿的流量，但最后购买产品的人只有100个，那么这个短视频就不能算成功。也就是说，品牌不仅要曝光，而且还要收获转化的实际效果，具体可以通过以下三个方面来提高转化率，如图10-3。

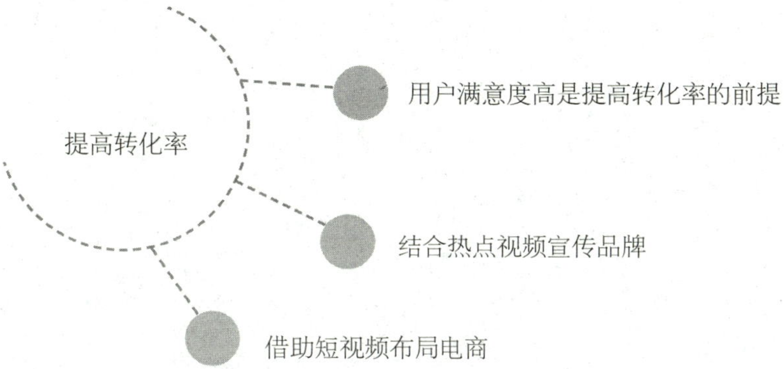

图10-3 企业提高转化率的方法

（1）用户满意度高是提高转化率的前提

品牌要时刻把用户满意度作为流量转换的前提。简单来说就是不管是内容还是植入品牌信息，一定要让用户觉得舒服，让用户一看到你的LOGO就产生美好的感受，这是用户买单的基础。

（2）结合热点视频宣传品牌

坐等转化明显是不切实际的，即使再好的内容也需要引导。比如papi酱在一则短视频中提到了30岁和18岁的自己。而刘同的新书《我在未来等你》就巧妙地结合了视频里面的内容，增加了新书的曝光度，并且还结合新书签售会提高了转化率。

（3）借助短视频布局电商

随着内容生态的改变，品牌从刺激消费者的感官进阶到获得消费者的情感认同。在消费者中，先消费内容再消费商品已成为一种趋势。那么作为品牌也应该借此趋势布局电商，毕竟电商是提升转化率最直接的方式。

如何在抖音上运营好企业号

在这个瞬息万变的互联网时代，抖音的横空出世为互联网创业者带来了一顿肥美的流量大餐。当下挤破头的互联网巨头们已经把这顿大餐瓜分得差不多了，但是有一些人也喜欢凑热闹。于是抖音成了许多企业品牌营销的重要阵地。为什么企业削尖脑袋也要往里钻？

很简单，因为在整个互联网环境下，传统的企业营销已经渐渐乏力，要想迎合当下年轻人的消费需求，企业就必须融入其中。而抖音又是当下最火热的短视频平台之一，通过抖音的品牌营销，企业不仅能获得曝光度、扩大影响力，还能获取年轻用户的关注，为品牌的年轻化提供更有力的营销依据。最为关键的一点是抖音推出了企业号。什么是企业号？企业又如何通过企业号更好地宣传企业理念和产品呢？

1. 什么是抖音企业号/怎么开通企业号

2018年6月1日，抖音企业号认证平台正式上线。符合认证条件的企业主均可申请抖音企业号。一个品牌想入驻抖音，第一步需要认证，抖音企业认证主要是抖音针对企业诉求提供的“内容+营销”的平台，为企业提供免费的内容分发和商业营销服务。那么该如何开通企业号获得企业认证呢？

第一步：进入抖音官网，点击右上角企业认证。

第二步：选择注册类型，选择企业号注册。

第三步：通过邮箱进行注册操作，一个邮箱只能注册一次。

第四步：打开邮箱找到验证码，再仔细填写真实资料。

第五步：填写一张信息表，所有资料必须真实可靠。

第六步：填写完后进入后台审核，一般1~7天就能出结果。

当认证成功后，企业主将获得以下主要权益。

- 官方认证标识，蓝V认证，如图10-4。

图10-4　官方认证标识

- 全昵称搜索置顶，并且针对蓝V认证用户昵称进行唯一性锁定，如图10-5。

图10-5　全昵称搜索置顶

● 企业认证用户可以自定义主页头图，如图10-6。

图10-6　自定义头图

● 视频置顶功能，如图10-7。

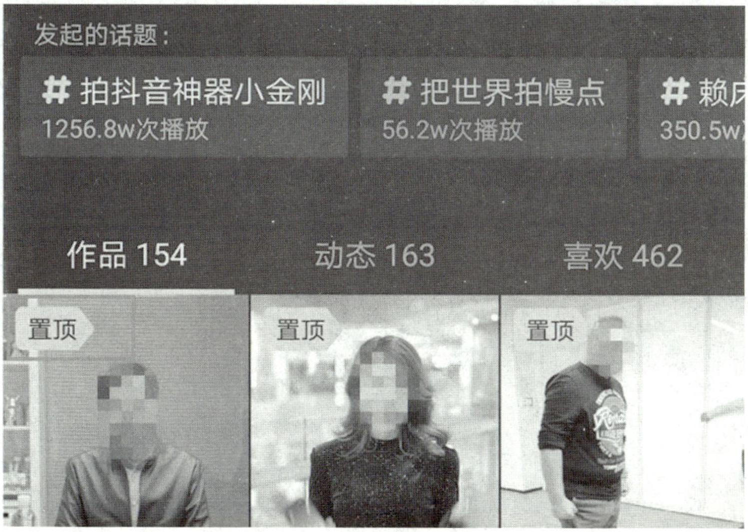

图10-7　视频置顶功能

● 链接跳转（用户可跳转至官网主页，进行转化或了解更多企业信息），如图10-8。

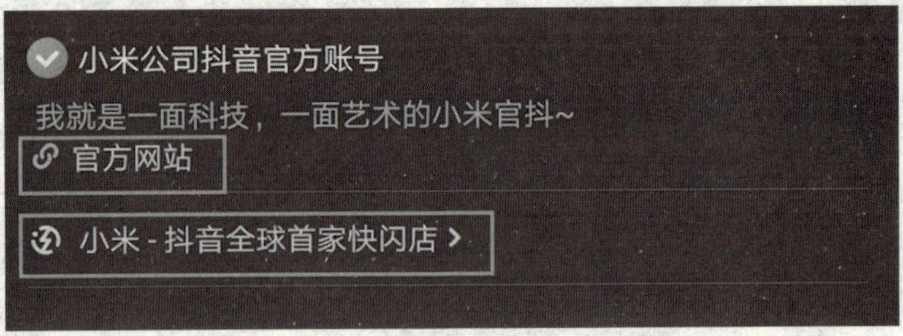

图10-8 链接跳转

● 私信自动回复（提高企业与粉丝的沟通效率）。

● DOU+（内容营销工具，可对视频加热）。

● POI认领（认领成功后将在POI地址页展示企业号等相关信息）。

2. 玩转企业号的妙招

个人号可以做得风生水起，甚至一条没有任何内涵的短视频也可能点赞过万，但是要想做好企业号，可不能完全照搬个人号的运营方法。以下是玩转企业号的几个妙招，如图10-9。

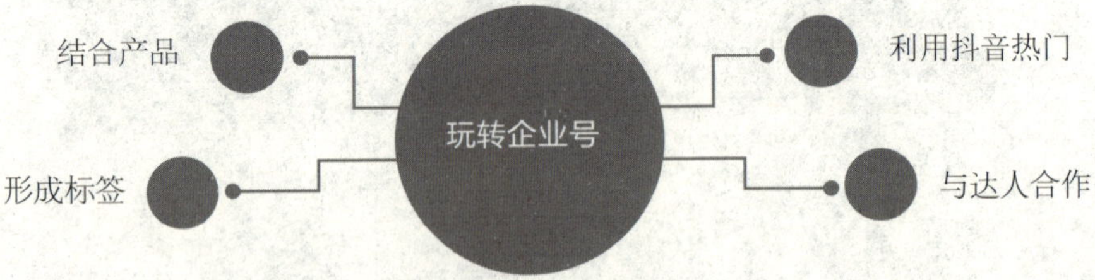

图10-9 玩转企业号妙招

（1）结合产品

每个企业产品背后都有大量可诉说的技能、技术、知识，企业在做短视频内容时完全可以围绕产品来做视频，将业务内容视频化，持续产出内容。比如小米手机的企业号短视频内容大都以产品功能、亮点为创意根本来吸引用户的注意。类似的还有“海底捞”，围绕海底捞的抖音吃法赋予吃火锅浓浓的生活仪式感。

> **“短”知识**
>
> 悦耳、有趣、魔性的音乐往往能让用户抖起来，品牌主也可以通过借助当下流行的音乐来创作短视频，从而引爆流行。

（2）形成标签

“标签化”指的是通过发布系列内容形成用户对品牌的标签化认知。这种方法的好处是可以加深用户对企业品牌和产品的印象。比如“奥迪”在抖音企业号中推出了系列剧情式短视频，在情景剧中，“奥迪”围绕卖点来进行品牌理念渗透。

（3）利用抖音热门

抖音官方会定期推出很多热门的话题、挑战、玩法以及热门的音乐，企业号可以借助这些热门来增加自己的曝光度。除此之外还有比较火的个人抖音号，所以如果看到比较火的内容也可以借鉴。

> **“短”知识**
>
> 可以利用抖音热点话题、热门内容，但是在版权、底线问题上一定要注意，尤其对地图规范使用、历史人物、竞品攻击等内容要提前做好规范。

（4）与达人合作

与达人合作是企业号运营比较常见的一种方式。企业可以自行发起挑战邀请达人参与，也可以在线下邀请达人参加品牌活动并进行抖音创作。比如必胜客在线上曾发起了“DOU出黑，才够WOW”的挑战赛，邀请办公室小野、Hana大喵哥等达人明星进行引导示范；线下则邀请达人参加活动，现场进行抖音挑战PK，与粉丝互动。

企业自夸100句不如KOL夸1句

随着短视频的火爆，各大品牌主也都纷纷坐不住了，开始争先恐后地入局短视频领域并进行相应的营销探索。而其中使用KOL（抖音达人，时尚博主）成了品牌主们最为实用也最常用的营销形式。即针对短视频的性质和用户群体的特色，寻找合适的KOL推出相应的短视频，从而在短时间内迅速提升品牌曝光度和影响力。甚至有人说“企业自夸100句不如KOL夸1句”，足以显示KOL在短视频营销中的作用。那么企业该如何寻求和KOL合作呢？

1. 寻找调性相符的KOL

虽然短视频的目标群众明显以年轻用户为主，但各个平台中的用户群体还是有差别的。以抖音为例，平台用户主要以24岁以下年轻用户为主，且大部分来自中国一二线城市；相对而言，快手平台的用户群体则多来自三四线城市。在投资短视频做推广之前，品牌主要深入了解各个平台的用户群体以及活跃于其中的KOL。

比如，代古拉K就是活跃在抖音的一位KOL，他凭借一支魔性十足的舞蹈成功吸粉。主打年轻牌的OPPO手机在为OPPO R15星云特别版主办的一场红蓝音乐节中邀请到了代古拉K。代古拉K在现场跳起了抖舞，与粉丝互动。根据数据显示，视频的点赞数超过了39万。

2. 邀请KOL发起挑战赛

挑战赛是抖音短视频惯用的玩法，品牌主也可以和KOL合作，在KOL的带领下发起挑战。因为KOL本身自带粉丝和流量，所以一般都会取得不错的效果。当然，在这个过程中品牌必须跟KOL紧密合作，将品牌想要传播的主要信息与KOL粉丝群的行为和喜好紧密结合，这样一来才能切合目标群众。

> **“短”知识**
>
> 找KOL的几种方式：直接找账号主人，不过可能存在联系不上的可能；找KOL资源平台，百度搜索就能找到；通过短视频官方平台寻找KOL，如抖音等短视频APP平台。

世界知名的奢侈品品牌MICHAEL KORS（简称MK）是第一个在抖音尝鲜的轻奢品牌。MK通过抖音发布#城市T台，不服来抖#的主题挑战赛。与此同时，MK也请诸多KOL来共同演绎此次主题，加上用户参与，在抖音上的播放量达到了5.1亿，大幅提升了MK在中国时尚年轻社群中的品牌影响力。

3. 借助KOL的号召力带来流量

KOL有固有的粉丝群，品牌借助KOL的号召力就能为自己带来更多的流量，而且能为变现提供更多可能。例如让KOL在短视频中加入购物车按钮，当用户看到视频内出现心仪的产品后，就可以直接加入购物车进行购买。

另外，品牌还可以要求KOL把短视频分享到个人微信、微博等其他社交平台，并配合品牌的营销策划传播自己的品牌影响力。

实战分享：金龙鱼“1∶1∶1 舞出好比例”挑战赛

当下火热的短视频市场吸引了大量品牌入驻，比如奢侈品牌香奈儿就在抖音上发布了6支J12腕表的广告视频，借着短视频的东风火了一把。不仅香奈儿等奢侈品牌入驻短视频，像金龙鱼这样的传统企业也纷纷入驻短视频。

让很多人想不到的是，这次推出的“金龙鱼1∶1∶1舞出好比例”活动取得了很好的反响。根据官方提供的数据统计，仅在美拍平台就获得了超过1.3亿次的曝光，而抖音短视频挑战赛的浏览量更是超过了13亿。那么金龙鱼此次活动的制胜点在哪里呢？

电影在正式公映之前一般要搞预热活动，比如发主题曲、预告片，或是借助相关话题在微博预热。这次金龙鱼的营销活动也进行了预热，并且是借短视频埋下了“传播点”。什么是“传播点”？简单来说就是刺激用户热议、转发的因素。

比如金龙鱼此次短视频营销活动中的“传播点”就是魔性神曲“1∶1∶1舞出好比例”以及专属舞蹈。金龙鱼的“1∶1∶1”的广告语早已深入人心，再结合曾经创作出《海草舞》的音乐人专门定制的“神曲”和《一起来跳舞》的主持人金星专门创作的专属舞蹈，这波预热做得足足的。

为什么要定制专属舞蹈呢？其实在当前老百姓的生活中，广场舞已经成为中老年人流行的生活方式，而抖音、美拍等短视频平台的兴起，也使得广场舞更加年轻化。金龙鱼这次定制的专属舞蹈，既有传统广场舞的味道，又加入了当下抖音中流行的元素，很快便引发了话题效应。

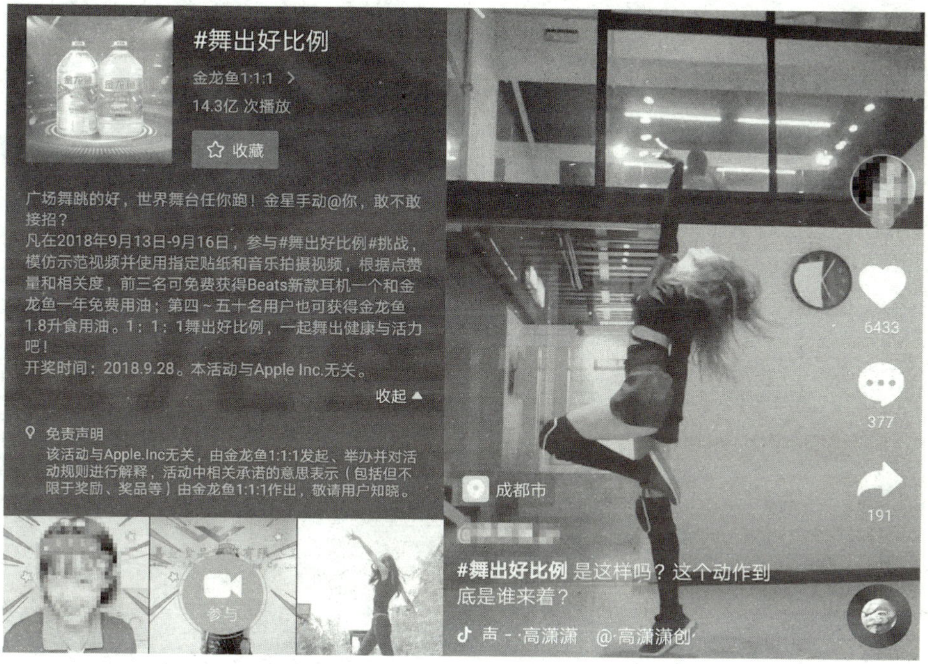

图10-10　金龙鱼“舞出好比例”抖音挑战赛

其次，在短视频平台上，简单、易学的舞蹈很容易刺激用户的参与热情，比如大热的“C哩C哩舞”“海草舞”等。这是因为用户能参与到互动中并且能从互动中得到参与的乐趣。

埋下“传播点”之后的任务就是去引爆它，怎么引爆则需要时机的判断和引爆方式的选取。时机判断是很重要的，能蹭热点的不妨蹭一下热点。而引爆方式的选择直接关系到能否将“传播点”最大化引燃。金龙鱼就找到了引爆点，策划了一场吸睛的抖音挑战赛——金龙鱼“1：1：1舞出好比例”，如图10-10。金龙鱼联合代古拉K、不齐舞团、刘宇等多名重量级达人抢占流量营销高地，实现内容传播裂变升级，大量用户正向评论涌现：“金龙鱼植入得不多，来一桶”“后面的金龙鱼抢镜了”“以后我叫我妈买1：1：1”……在达人的带动下，素人用户也踊跃参加挑战赛，再加上金龙鱼内部员工的配合，使得金龙鱼的品牌曝光度再度扩大。

第十一章
短视频+电商：打造内容电商2.0时代

从最早微博带货，到公众号、今日头条等图文平台上线导购入口，再到抖音、快手等短视频APP中内嵌商品的淘宝链接，可以说“短视频+电商”成了电商2.0时代的一种新趋势。而且不只短视频APP在加速电商化，电商巨头也都在发力自身的短视频化。比如京东、淘宝在自身APP中都镶嵌了短视频模块。由此可见，“短视频+电商”势必会成为一种受追捧的商业变现模式。

短视频成内容电商盈利新模式

早在2009年，淘宝与四大视频网站合作启动的“视频购物”就已经开启了购物的新模式，后来京东、苏宁等纷纷采用这种模式实现电商变现。现如今随着互联网的发展与用户习惯的培养和转变，视频购物在当前短视频盛行的环境下有了新的解读，那就是内容电商。那么，内容电商与传统电商相比有何优势？为何能受到商家及大众的青睐呢？

1. 什么是内容电商

人们对内容电商的概念认知来源于营销界某大V的一篇文章——《内容电商时代，不得不了解“消费者偏好”的4种变化》。文中说：“内容电商，正在逐步崛起。越来越多的消费者在看直播、看自媒体文章、看帖子的过程中购买商品。当年从线下转到线上，市场的游戏规则变了，现在从交易型电商转到内容电商，游戏规则也会发生变化。”

那么究竟什么是内容电商呢？简而言之，内容电商就是通过文章、图片、视频等形式，将商品的文化内涵与使用体验传递给消费者的场景式电商销售模式。相对于传统电商而言，内容电商不需要消费者去专门的平台进行搜索、购买等一系列烦琐的操作，而是将商品与内容高度融合，在我们日常上网、看文章、刷朋友圈、看视频的过程中就能实现购物。

2. 内容电商的优势

在电商发展初期，满减、秒杀、折扣等招数对消费者来说无疑有着巨大的诱惑力，不少电商平台就是利用这种方式将供应链做成熟，将平台逐渐做大。然而，当电商发展逐渐渡过了上升期和饱和期，进入平缓期甚至衰退期时，这类方式的作用就会逐渐减小。因为不管翻看哪个电商平台，时刻都在搞活动，打折扣。虽然电商也在寻求突破，比如双11、京东618、苏宁818等，但是当大众渐渐熟悉背后的套路后，也渐渐开始不买账。而与传统电商相比，内容电商就有着绝对的优势。

● 内容电商的形式要丰富得多，比如图文、短视频、直播等都可以被嵌入商品。

● 在内容电商的模式下，消费者的购物行为与购买行为是分离的。而在传统电商的模式下，这两类行为几乎是同时发生的。简单来说，就是消费者是抱着购物的目的去逛街或是在电商平台进行购物的。而内容电商则不同，消费者在购买商品之前并没有抱着购物的心态，仅仅是在浏览文章或是观看视频的过程中激发了购买行为。这两种情况差别巨大，当抱着购物的心态看商品信息时，一定是货比三家、精挑细选。而当我们在某短视频中看到某个商品不错时，往往会直接加入购物车。

● 在消费升级的大背景下，用户尤其是年轻人，除了要求商品品质以外，也更加注重高效的购物体验，注重一些个性化、情感化的东西，所以短视频与电商的结合其实是很好地满足了目前年轻人的一些购物需求。

● 内容电商能够很容易聚集起同类人群，这也是传统电商无法做到的一点。举个例子，一个专门做母婴产品的抖音号可以聚集很多需要购买母婴产品的宝爸宝妈，而传统电商则不能。其实这背后实则是互联网中时下很热的“社群”概念，而“社群”往往蕴含着巨大的价值。

3. 内容电商前景可观

内容电商的优势使得越来越多的资本和企业进入这一领域。而在这个过程中，电商和短视频的结合也成了必然之势，这也意味着内容电商前景可观。

2017年6月，美拍率先推出“边看边买”功能，即用户在观看视频时就可以点击短视频下方的链接进行购买。抖音紧跟其后也在抖音号中增加了购物车按钮，出现了淘系页面，如图11-1。

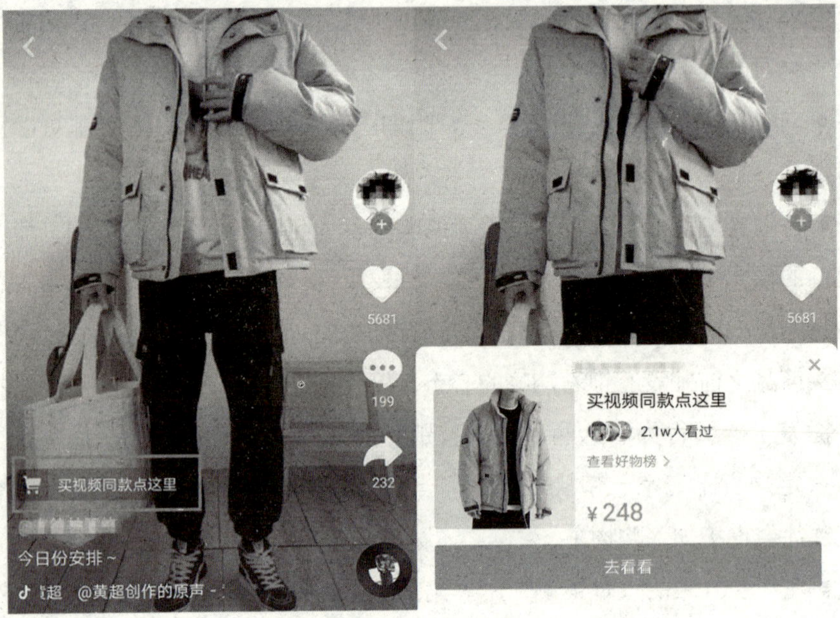

图11-1　抖音上的淘系页面

2018年6月，快手、有赞宣布达成合作，推出“短视频电商导购”解决方法。而淘宝方面，在2018淘宝商家大会上，淘宝内容生态负责人曾表示会探索短视频在淘宝的运用。京东也不甘落后，据《2017年京东商品短视频数据研究报告》显示，2017年京东商城已有超过50%的活跃用户为商品短视频用户。而京东与抖音的合作带来的红利也坚定了京东入局短视频的决心：2018年“6·18”期间，通过与抖音的合作，京东在抖音平台曝光次数高达21.8亿次，总点赞数近2500万。

4. 内容电商的一些弊端

事实上内容电商的发展之路走得并不容易，而且存在一些弊端。首先购买转化率低是痛点。很常见的一个现象是当用户跳转至电商平台的时候，会自然而然地进行比价比店，而比到最后很可能就放弃了购买原定商品的计划。

其次，比较容易遇到的一种情况是电商运营方与品牌方不是同一家公司或同一个部门。比如某电商在某APP平台上的运营并不属于该电商团队，而仅仅是品牌代理罢了。这就造成了一个问题，电商更在意的是投入的资金是否可以带来相应的销售转化。而品牌方更强调对品牌的宣传、普及和流量及粉丝的获取。然而这个过程往往比较慢，所以很多电商往往等不及就放弃了，致使前期的内容沉淀白白浪费掉了。

最后，电商平台流量获取成本的持续走高，同时伴随着互联网信息量的急速爆发，用户注意点在多个碎片化入口中分散，所以内容电商的竞争也很惨烈。

电商三要素：视觉、流量、转化率

随着短视频风口的来临，各大企业纷纷入局短视频的创业浪潮中，以京东、淘宝为代表的电商更是踊跃报名这场流量争夺大战。然而要想获得分红可不是一件容易的事，毕竟短视频变现没有想象中那么容易。相关短视频新媒体运营者不仅要把握好自身平台的稳健运营，还要搞清楚短视频和电商三要素之间的关系，即短视频和视觉、流量以及转化率之间的关系。

1. 短视频重塑视觉营销

打开一条短视频，首先呈现在我们面前的是短视频的内容，即视觉上的呈现。从短期来看，精美的短视频往往能够给观看者留下好的印象，迅速引起用户的关注。而从长远利益来看，长期保持优质短视频的制作能增强用户黏性，有利于塑造自媒体的品牌个性。总之，当下正火的短视频重塑了视觉营销，从而使得电商通过视觉营销变现成了一种驱使。

> **“短”知识**
>
> 视觉营销（Visual merchandising）指通过视觉达到产品营销或品牌推广目的的一种营销方法，也是一种可视化的视觉体验。

2. 短视频成为新的流量入口

在流量为王的时代，拥有流量意味着拥有用户，拥有变现的可能。而且足够多的流量也能提升电商的知名度。短视频自诞生之日起便是流量洼地和资本洼地，随着资本的不断注入，短视频带来的流量也越来越多。而且短视频具有天然的娱乐性和话题性，能够快速吸引流量。《移动互联网2017年Q2夏季报告》显示，短视频行业的用户总规模接近2亿人，且呈上升趋势。所以，短视频作为互联网时代的新行业，俨然成了互联网流量的一大入口。

不过，随着线上流量红利的逐渐消失，用户注意力受到越来越多的诱惑，一场围绕注意力争夺的电商短视频大战也愈演愈烈。为此，该如何吸引消费者的注意力并将其转化为流量，成了电商首先要考虑的问题。

3. 短视频有效提升转化率

早在网页端互联网时代，有视频的网络媒体的流量转化率就远远高于无视频的网络媒体，而今在这个信息大爆炸的时代，短视频更是提升流量转化率的关键所在。于是我们看到，有着多年经验的电商影视广告的核心广告语就是：有效提升三倍转化率。

对电商来说，转化率本身就是很重要的一个维度，因为作为一个平台来讲，它也需要繁荣，需要盈利。而短视频恰恰能帮助电商提升转化率。一方面，短视频和传统的图片、文字等媒介相比，凭借更低的成本和更广维度的用户建立连接。另一方面，短视频可以更充分地传递信息，与用户建立信任并促使其购买。

例如2016年8月，“一条”旗下“一条生活馆”的上线就是短视频平台搭建电商平台实现流量变现最好的例子。“一条生活馆”本质上是个手机购物平台，通过该平台，用户可以购买日用百货、家具、电子产品等各种商品。这也是当今短视频领域最直接、最常见的变现方法。

商家如何借助电商平台打造短视频（淘宝篇）

在现今碎片化时代的背景下，短视频作为流量的新入口自然引起了电商的注意，尤其是以京东、淘宝等为代表的大平台很快就意识到了这一点。于是各个电商平台开始加入视频展示模块，但是用到这个功能的商家并不太多，尤其是一些比较小的商家，根本没意识到短视频对于商家的意义。那么短视频对商家来说意味着什么呢？商家又如何联合电商平台打造出优秀的短视频帮助自己变现呢？下面我们以淘宝为例来进行讲解。

1. 短视频是商家必备的销售利器

在电商平台没有加入短视频模块之前，商家或多或少都会遇到这样的问题：如果是卖衣服的商家，客户会问衣服尺码偏大还是偏小，因为网购衣服时很多尺码规格都是不一样的；有顾客会问颜色，因为很多商铺展示的图片都是处理过的；还有顾客问服饰款型适不适合自己；等等。这些问题用文字和图片是很难解决的。

对客户来说，最基本的购物要求就是获得关于商品的真实有用的信息。空口白话的文字和图片往往缺乏信服力。而如果换成短视频则效果就大不一样了。短视频可以把商品的所有产品信息以及实际应用场景的信息都展示出来，而且视频拍摄的真实度很高，配上字幕和商品标签、注意事项等，所有信息基本一目了然。

2. 短视频成为商家流量新入口

以淘宝为例，从2018年初开始，商家应该明显感觉到，商家短视频不管在店铺私域还是手淘（手机淘宝的简称）公域所占的比重越来越大。此前，包括爱逛街在内，公域只接受达人、红人产出的优质视频，商家如果想在公域通过展示短视频为店铺导流，就需要和达人、红人合作。而现在商家自己制作的短视频也可能从私域流转到公域。

> **“短”知识**
>
> 所谓的私域，指的是店铺微淘、直播间、群聊、商品主图、图文详情页、穹顶搜索、店铺搜索页等。而直通车、爱逛街、有好货、微淘、猜你喜欢等一些垂直频道则被定义为公域。

这意味着，商家此前已经发布和未来即将发布的短视频，不仅能在店铺的详情页、微淘等私域发挥效用，而且能在公域为店铺争取更多曝光和流量。所以短视频成了商家流量的新入口。

3. 商家短视频如何从私域流转到公域

就目前来看，淘宝商家的短视频要从私域流转到公域的途径有三个：爱逛街、微淘和猜你喜欢。首先算法会根据商家发布短视频的数据表现筛选出优质内容放进视频精品内容池。这时商家可以在旺铺素材中心的视频页面看到相关通知，系统会提示商家进一步完善视频的封面、标题、描述等信息。然后淘宝会再次根据这些信息进行人工审核确认，最终平台会根据算法和爱逛街、猜你喜欢、微淘这三个渠道的各自特点将短视频进行分发，这个过程如图11-2。

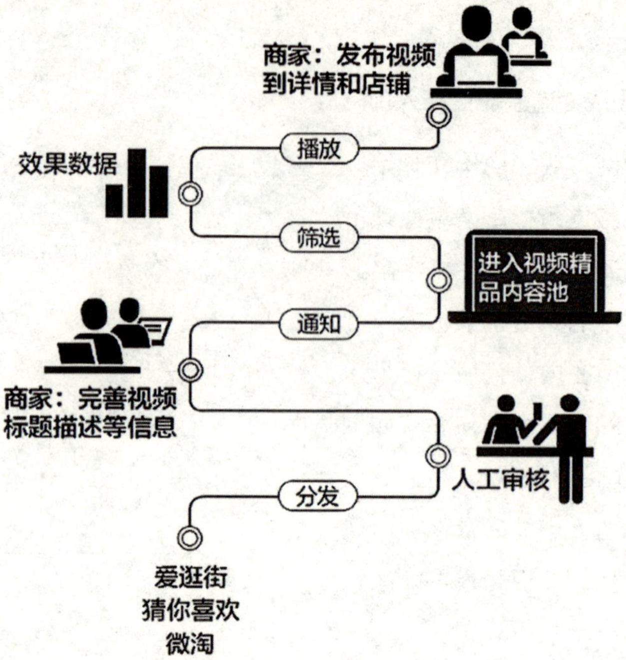

图11-2　商家视频进入导购渠道流转通道

4．淘宝短视频的基本要求

当然，并不是所有商家制作的短视频都能得到推荐，进入公域争夺流量。以下是淘宝公域短视频的基本要求。

● 时长：1分钟以内（建议9～30秒）。

● 尺寸要求：16∶9/1∶1/3∶4。

● 视频格式要求：mp4、mov、flv、f4v。

● 内容要求：聚焦单品卖点亮点，以介绍一件商品的功能、特点、效果展示为主，5秒内进入主体商品介绍，不可以采用图片拼接的方式呈现。

● 视频中不得出现黑边、三方水印（包括拍摄工具及剪辑工具LOGO等）、商家LOGO（片头要出现品牌信息，可在视频结尾出现2秒以内，正片中不可以角标、水印等形式出现）、二维码、幻灯片类视频。

以下是淘宝短视频内容统一规范要求。

● 视频中不能含其他平台的二维码、站内外店铺等任何二维码信息。

● 不能含微信、QQ、今日头条等其他内容平台引导的透出（如微信朋友圈、公众号、QQ空间等）。

● 不能含其他视频平台、电视台、境外网站、境外制作公司的标志（含港澳台），如腾讯视频、爱奇艺等。

● 不能含任何引导APP下载信息，包含文字及口播方式。

● 视频内容中不能出现任何其他购物平台品牌透出、引导下载等信息。

● 视频内容需要有同期声唱词。（具体指：视频中有说话声音时，需要同时配上字幕。）

商家如何借助电商平台打造短视频（京东篇）

不管是京东还是淘宝，打开相应的手机APP，我们会发现很多商品的首页都以短视频的方式呈现。由此可见电商巨头对短视频市场的重视。而作为商家，如何借助短视频和电商平台提高自己的销量是我们所关心的事。上一篇讲到淘宝商家在淘宝平台制作短视频的一些常识，现在我们来介绍一下京东短视频的玩法策略。

1. 京东短视频在哪儿展示

首先有必要搞清楚京东短视频的展示位置。目前来说，主要有主图位置、商品详情页位置、店铺视频、发现等内容板块。

（1）主图位置

首先打开京东视频APP，然后找到京东视频板块，下面是一些个性化推荐，其中以短视频的方式进行展示的便是主图视频，如图11-3。除此之外，商家在后台上传主图视频并经过审核之后，还可以在对应商品的单品页展示。

图11-3 京东短视频主图位置商品展示

（2）商品详情页位置

商品详情页视频，主要用来做商品功能讲解和介绍等。因为主要是对商品进行介绍或是功能性的讲解，所以短视频内容要有卖点，能戳中消费者的痛点。

（3）店铺短视频

商家后台上传店铺视频并且审核通过后会在店铺主页进行展示，主要用来做活动促销、品牌宣传和新品发布等活动。

（4）京东内容板块短视频

京东首页有很多板块，比如京东秒杀、发现好货、品类秒杀、京东视频等，如图11-4。其中京东视频是专门的短视频板块。不过要想在这里上传内容，必须通过达人账号来上传。

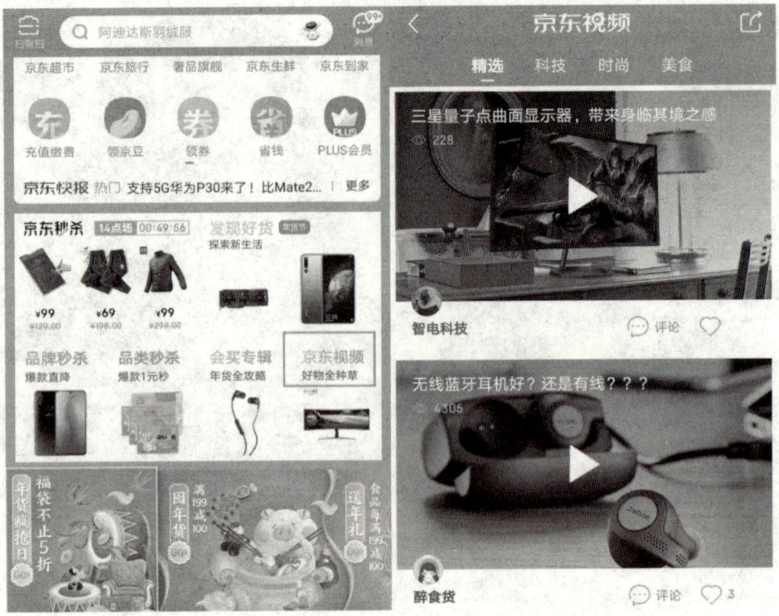

图11-4　京东视频板块商品展示

2. 京东短视频的制作标准规范

符合一定制作标准的短视频才能通过审核，那么京东短视频的制作标准有哪些呢？

（1）主图短视频的制作标准规范

时长范围：6～90秒。

视频格式：MP4。

长宽要求：推荐16：9或1：1500≤长边≤1920。

视频大小：50MB以内。

背景要求：纯白色背景，或者相应的使用场景；尽可能减少出现其他物品及景观，禁止其他无关人物出现在视频中。

> **“短”知识**
>
> 消费者点开商品页后第一时间看到的是主图位置短视频，因此利用好这一位置能为店铺带来很高的转化率。鉴于篇幅的限制，这里提供给出主图短视频的设置链接：https://www.kaitao.cn/article/20180119003933.htm

效果要求：请保持产品完整出现在可见区域内，保持水平视角，严禁歪斜、抖动、频闪、失真等滤镜效果。

风格主旨：主题突出、形式简单、方式优美，不用或尽量少用字幕，不用动态特效夸张的字幕。

（2）商品详情页和店铺视频内容制作标准规范

时长范围：30～180秒（商品详情页视频），6～180秒（店铺视频）。

视频格式：mp4/wmv/mov等。

长宽要求：推荐16∶9、1080p。

视频大小：500MB以内。

背景要求：背景音效不得嘈杂，使用流行歌曲作为背景音乐请确保拥有版权。

效果要求：视频拍摄建议使用三脚架，禁止抖动、歪斜、模糊、方向颠倒、比例异常。

风格主旨：主题突出、形式简单、方式优美。

（3）京东电商短视频内容制作标准规范

主图视频内容须遵守国家法律法规，严谨黄赌毒、低俗、诱导性、侮辱性内容出现；尤其注意不能出现新广告法中的禁用词汇，包括音频部分；不得出现不符合商品实际情况的夸大或虚假宣传。

严禁视频中出现各种形式的联系方式，禁止QQ号、微信号、手机号、非京东网址链接（产品官网也不可以）、二维码及各种以音频形式出现的联系方式；严禁出现车牌号、单位名称、人名及其他可识别的名称或编号。

主图视频严禁出现其他同类产品，以及各种形式的同类产品对比比较，禁止使用人民币作为参照比较，禁止出现其他电商、商家平台信息。

不建议完全相同片段重复叠加播放使用，不建议单纯使用图片拼接的低质量视频。

外文及方言（包含文字、音频）必须要有中文注释翻译；画面抖动、背景音效嘈杂、视频比例不协调、方向颠倒会被驳回。

主图视频禁止出现与产品无关的LOGO水印及马赛克，例如优酷、

CCTV、美拍、爱剪辑等。建议品牌LOGO可结合京东元素在视频最后1～2秒出现。

3. 利用京东资源打造短视频

京东对商家有加权政策，而且根据京东的内部数据可以帮助商家策划短视频。

风向雷达是京东评估商家店铺综合服务能力的一个标准，主要包括用户评价、物流履约、特色产品、转化能力、成长指数和客服售后等几个维度的内容。每个维度对应相关内容，比如成长指数对应的是商家店铺的年龄，转化能力对应的是店铺短视频能力。

京东会根据这些内容实行加权政策。比如给予优秀视频内容资源位的曝光，可获得在京东APP主页推荐的机会。再比如，带有主图视频的商品在搜索页都有视频播放按钮标识，容易和其他图文形式的商品区分开来，而且播放按钮标识更显特殊。

短视频下的网红店铺该如何运营

“安利”是一个常见的网络用语，是带有一定感情色彩的动词，意为强烈推荐。比如朋友圈经常出现给你安利一下的广告，其实就是推荐一下的意思。而在抖音中，很多人或多或少都被“安利”过很多东西，一句“抖音骗我买了多少东西”就是最好的证明。这其中被“安利”最多的就是网红美食和网红店。比如那些在抖音中获得高赞的店铺，大多聚集了一大批粉丝，而大多粉丝都是被“安利”套住了钱包。那么网红店铺真的有这么大的吸引力吗？又该如何运营好网红店铺呢？

1. 网红店铺的优势

网红店铺是当今电商环境下具有革新意义的电商模式之一，它与传统电商店铺相比具有以下优势。

（1）更低的营销成本带来更高的利润

网红店铺的营销成本可以做到很低，但是却能轻松获得更多的自然流量。比如在每年的淘宝“双11”时，网红店铺在没有会场资源和流量倾斜的情况下，依然能够获得几千万的销售额。

传统的电商卖家每个月都会投入大量的经费到各种直通车、钻展活动中。但即便是这样，也不能保证利润率。有些传统卖家会通过发放优惠券或是打折的方式来留住客户，但是这样的活动不能持续进行，一旦活动停止，除非是刚需，否则用户很可能不会购买。而网红店铺不同，网红店铺有巨大的粉丝量（通常从几十万到几百万不等），这些粉丝能够保证网红店铺保持较高的利润率。而且随着粉丝的不断增长，利润也会不断增加。

（2）具备充足的流量资产

相比传统电商卖家，网红店最大的优势是具备充足的流量资产。在电商化的今天，流量就是资产，就是金钱。传统电商卖家也可以获得流量，但是需要购买，而且不像粉丝流量一样能够沉淀下来，一次性消费之后就无法再次被利用。而网红店铺就不一样了，源源不断的粉丝会不断积累成流量资产。

2. 借助网红孵化器公司进行内容营销

要想打造一家网红店，网红是关键。孵化器公司会在众多网红中挖掘出具有潜力的人签约，然后为他们提供全方位的支持，如产品方向设计、社交平台的推广、摄影师、摄影团队等。除此之外，孵化器公司还会为网红设定系统性的培训方案。这样经过一段时间以后，网红的粉丝量便会逐步增加。

> **“短”知识**
>
> 网红孵化器公司一般泛指通过批量签约网红，对网红进行个性化包装，从而进行粉丝经济营销的公司。孵化器公司负责产品开发、品控、客服、运营、物流仓储、售后服务等流程。

为了让网红更好地与电商结合，孵化器公司还会帮助网红打造人格化的品牌。比如对女装网红来说，在每次上新时会进行直播，或是拍摄短视频。另外，为了增强与粉丝的互动，在直播过程中会增加一些转发抽奖的活动，而且在微博上也会与粉丝进行问答互动。最后，对网红的包装调性，孵化器公司也会给出解决方案。比如某位正值青春年华、活泼开朗的女装类网红，她的微博内容运营会围绕同类人中比较火的话题进行。而她的服装风格会偏向于年轻、休闲的风格，网红店铺的风格也会趋同于自己的形象。

短视频在淘系平台上的内容运营

现今“90后”逐渐开始成为网购的主要消费大军。“90后”是彰显个性、追求自我的一代人。为此，商品的功能其实是被弱化了的，这类消费群体更看重的是商品中所呈现出的个性、情怀与精神价值。这一点正好与内容电商的调性相符。

例如某“90后”消费者在逛淘宝时仅仅是想买一件棉衣，淘宝却给他推荐了一条关于裤子的PGC内容。这条PGC创意十足，一条看起来平常的裤子却演绎出了大牌的感觉。消费者一下子就被吸引住了，于是点击链接完成了这笔交易。

其实内容电商就是这样，以一种柔软的方式撬动消费者的心，而不是借力于强硬的推销手段实现流量转化。那么淘系电商作为“90后”主要的消费阵地之一，又该如何借助短视频的东风做好内容运营呢？

1. 内容型运营模式

内容型运营模式多以3分钟以内的故事情节激发消费者的购买行为。2017年3月9日，手淘APP更新的版本中加入了“每日好店”板块，该板块每天推出1～2条短视频。这些短视频展示的是针对商家店铺的故事性短视频，以PGC为主，适合需要进行店铺形象展示与品牌推广的商家。

这类短视频以店铺的特点和故事为入口，也可以着重展现店铺主人的情怀与调性，从而把店铺与品牌包装起来。

内容型运营模式不仅对商家来说至关重要，对淘宝平台本身而言，也是博取用户眼球、吸引流量的方式之一。

手淘首页主题活动板块的“淘宝二楼”就是淘宝新开辟的内容平台。“淘宝二楼”仅在深夜时段向用户开放（晚上10点至第二天上午7点），它每期都会用一个故事片段来介绍一款淘宝商品。第一档主打美食类短视频节目《一千零一夜》，汇聚了众多轻快、有故事的美食，带来了海量的流量甚至转化为购买行为。其中一期关于鲅鱼水饺的节目，短短的3分钟让众多消费者找到了家乡的味道，产生了强烈的共鸣。

第一档节目播完后，“淘宝二楼”又推出了第二档节目《夜操场》，同样大获成功。总之“淘宝二楼”的推出不仅让淘宝平台本身看到了短视频巨大的潜力，也为商家，特别是小众商家，带来了新的流量聚居地。

2. 商品型运营模式

商品型短视频的基本要点是告诉用户商品的卖点、功能，时长以9～30秒为最佳，以单品展示为主。如果单品短视频内容足够好的话，会被推荐机制推荐到猜你喜欢、有好货等手淘首页展示位置，这样就能获得免费流量，并且这部分曝光是加权的。与此同时，也会同步到微淘，得到加权展示。

能否获得推荐，与商家大小无关，只与视频质量有关。最后能成为赢家的只有那些有特色、有创意，靠产品和内容打动消费者的商家。所以高质量的短视频是拿到公域流量的关键因素。那么怎么才能增大被推荐的概率呢？

商家可以抓住电商导购型或者偏垂直化的视频内容来呈现，尽量做到简单直白、有重点。重点围绕该单品的卖点、教程、测试、功能展示、搭配建议等视频介绍，激发消费者的兴趣和购买欲。例如一双运动鞋，可以用高效、准确的信息重点展示运动鞋的舒适性，从而瞬间抓住用户的心。

实战分享：《京晚8点》短视频

短视频行业现在就像大锅炖一样，小到个人短视频扎堆儿瓜分流量，大到互联网巨头入局争抢C位。抖音背后有今日头条、微视背后有腾讯、百度小视频背后有百度……短视频圈子里已经吸引了越来越多的“捕鱼者”，例如京东、阿里等电商巨头很早就开始在这方面布局。不过京东与其他巨头的选择略有差异，入局短视频最初的目标就是为了提升销量。但是随着整个行业越来越注重内容，于是京东便顺势而为，于2017年底打造了一款内容IP栏目——《京晚8点》。

《京晚8点》？怎么听起来有“淘宝二楼”的感觉。确实，不管是从形式上还是从内容上看，两者都有相似的地方，比如两者都是以讲故事推荐商品为主。但是仔细看来还是有区别的，同样是通过故事卖产品，“淘宝二楼”是直接推荐商品，而《京晚8点》的方式比较委婉，且故事性更强。

《京晚8点》每一期的内容质量都保持了较高水准。第一季从友情、爱情、亲情三大情感角度出发，精准洞察到了不同用户的不同情绪需求点。这种借助温度内容表达情感的方式，不仅增强了用户平台互动黏性，还赋予了消费者购物路径新体验。

在《京晚8点》第二季《人间有味》中，京东将镜头聚焦美食，在展示美食制作过程的同时，讲述了美食背后的人物和故事，如图11-8。在讲述人文方面，二更有着独到的经验，于是京东联合二更团队深入四川阿坝州、四川凉山彝族自治州、河南省信阳市等地分别拍摄了牦牛肉、土蜂蜜、跑步鸡等具有当地特色的天然优质食材。而且深度挖掘了食材背后的人文故事。

第二季《人间有味》取得了非常不错的营销效果，二更双微播放量超过400万，二更微信、二更食堂、二更城市站微信阅读量累计70万人次，微博话题“京晚8点，人间有味”阅读量超过800万……

从第三季开始，《京晚8点》剥离了商业元素，以情感为出发点，以母亲节为切入点，引发了诸多网友对母亲节的反思，从而打造出了有温度、有态度的热门话题。在营销方面，京东通过母亲节陪伴好礼京东秒杀会场，配合《京晚8点》的热点话题，取得了很好的营销效果。

7月23日—7月25日，《京晚8点》第四季上线。与前三季不同，第四季短视频的风格变化很大，利用科幻、悬疑、二次元等元素打造出了极具脑洞的内容。再配合微信、微博以及抖音的矩阵传播，让《京晚8点》这个内容IP火热了起来。

《京晚8点》作为京东创意内容营销的载体，经过几期内容的探索，让消费者在购物的同时还能感受有温度、有质感的故事内容，给消费者带来了全新的购物体验。这种新体验也在一定程度上反哺了京东的电商业务，尤其在品牌塑造和内容生态闭环的形成方面做出了重要贡献。而作为短视频创业者，我们能学习到的东西有很多，比如以多维视角去精准洞察受众情绪的共鸣点，借助具有温度的内容去增强用户平台互动黏性，借助时事热点增大短视频曝光度，等等。

后记
POSTSCRIPT

展望未来，短视频战场依旧狼烟四起

在第五届GDMS全球数字营销峰会上，字节跳动营销中心总经理说过这么一段话：“十年前，电视绝对是家庭必需品，尺寸越大越好。那个时候，一家人坐在一起的时刻会很多，大家看的内容也相对固定……直到一两年前，移动互联网的发展彻底改变了它们。PGC、UGC的部分呈猛烈增长趋势，视频也由长变短去适应碎片化的时间。并且无论是用户使用时长，还是人均的观看次数，在移动这块屏幕上已经超过了50%。”

这意味着用户消费移动视频的主体平台已经开始全民化了。也就是说，视频正式进化到一个全民生产的新时代。尤其在2018年，各大短视频APP火遍大江南北，以抖音为代表的短视频APP横空出世。众多草根通过直播、短视频收获百万粉丝，享受了一把网红经济的红利。

而各大互联网巨头、电商巨头则纷纷入局短视频，整个短视频市场狼烟四起。以腾讯为例，腾讯曾在短视频市场错失良机，后来重金补贴微视。但是想要打造一个现象级的短视频APP谈何容易。在抖音、快手等夹击下，微视艰难生存。虽然如此，但短视频市场这块蛋糕实在是太大了。重启微视虽然没有一石激起千层浪，但是也坚定了腾讯争夺短视频市场的决心——用“机海战术”瓜分市场份额，于是yoo视频、酱油、哈皮短视频APP相继上线。其中yoo视频无论是从定位还是受众人群上来说，都像是腾讯对抖音的又一次围剿。

面对腾讯的围剿，诸如短头条系、快手系、腾讯系、百度系等几大巨头当然也不会坐以待毙。所以未来的短视频市场必定炮声依旧。而随着《网络短视频平台管理规范》及《网络短视频内容审核标准细则》的发布，风险与机遇并存已然成了短视频市场的一大特征，至于短视频从业者如何安身立命且脱颖而出，就要各凭本事了。另外，随着5G的临近，短视频也将会成为内容的绝对主力，到时候短视频的市场规模很可能将会是现在的百倍，而短视频行业也会进入优胜劣汰的局面。